U0539469

夫婦脳
夫心と妻心は、なぜこうも相容れないのか

配偶使用說明書

日本超人氣腦科學專家親授，打造恩愛率99%的機智夫妻生活

[夫婦腦]

Kurokawa Ihoko
黑川伊保子 著　劉格安 譯

Contents

Ⅱ 再一次求婚

前言

打造夫婦腦，走入婚姻生活必讀

男女的大腦不一樣。

但夫妻的大腦更不一樣，遠比一般男女還缺乏交集。

像夫妻這種在腦科學上如此有趣的關係也不多見，畢竟就科學而言，生殖適合度（雙方的遺傳基因適合度）與個體之間的適合度成反比。然而，男女卻會因為彼此的生殖適合度高而互相吸引陷入戀愛，所以愈是「愛到不可自拔的兩人」，個體之間的適合度就愈差。

生殖適合度取決於基因免疫抗體的類型，這會決定生物本身的反應模式。例如，當人突然聽到陌生的爆裂聲響時，要迅速邁開步伐跑開，還是縮在原地不動？夫妻組合在這種無意識的反應上會有所不同。因為如此一來，將有一方能存活下來，遺傳給後代的基因組合也會增加。雖然這種組合在動物學上十分合理，但從心理學來看，卻會不時發生其中一方做出讓另一方意料之外的行為，因此兩人容易產生摩擦，使人心生不快。

舉例來說，若是一方怕冷，另一方可能就怕熱；如果有一方比較神經質，另一方就常常是少一根筋；某一方習慣從牙膏底端整整齊齊往上擠，另一方就可能是漫不在乎地從中間亂擠的習慣……

也就是說，陷入熱戀的男女只不過是「可以提高後代存活率的組合」，而不是「兩人可以幸福快樂一輩子的絕佳組合」。當然，由於雙方必須進展到生殖行為的階段，因此在一段特定期間內不會挑對方的毛病。「情人眼中出西施」的甜蜜期確實是有的，不過一旦過了那段期間，就會動不動開始嘆氣：「這個人到底在想什麼？」、「為什麼事情會變成這樣呢？」長期生活下來，另一半將會變成三不五時惹自己生氣的人。這種事情明明是理所當然的結果，但世上許多民族都有婚姻這種契約，一再把頻率不合的人雙雙對對綑綁在一起。

這究竟是什麼陷阱啊？

不過呢，其實只要不把夫妻關係想成是「可以幸福快樂一輩子的夥伴」就沒問題了。如果能換個角度，把對方想成「隨時隨地會做出不同反應的優秀警報器」，那麼作為「決定生死存亡」的求生夥伴，對方其實還是挺可靠的。

仔細想想，一部分人類能夠遠離戰爭與飢餓，過著整齊清潔的都市生活，也不過是近百年來的事。在百年以前，夫妻兩人得先合力想辦法一同存活下去，才有可能追求幸福快樂的生活。

或許是現代社會這種清潔與安全的結構，讓人誤以為夫妻是「可以過得幸福快樂的夥伴」，所以才刻意去探討相反的案例吧。

如果是這種情況，二十一世紀的「夫妻」結構正迎來史上空前的危機。

除了男女的差異，本書還會更進一步檢視曾經相戀的男女腦所發生的現象，探討「陷入熱戀的男女如何長久相處下去」的訣竅，也願這本書可以成為二十一世紀所有情侶的福音書。

二十一世紀的人生很漫長。無論是已結為夫妻的人也好，目前還不是夫妻的人也罷，都希望大家能詳讀一遍。結為夫妻是個聰明的決定嗎？或是早知道就不要當什麼夫妻了？讀完這本書，相信大家的心裡就會有自己的答案了。

I

夫妻的定律

Vol. 1

來自女性腦的情書

可愛的男性腦啊，
希望你們能夠聽聽我們說話。

夫婦腦指南

察覺彼此的情緒並產生共鳴，
對女性腦而言就是一種對話，也就是所謂的溝通。

今天早上，我的右手小指撞到了廚房中島。疼痛來得措手不及，我只好向正巧走進廚房的兒子撒嬌：「嗚嗚嗚，我撞到手了。」沒想到那個人影卻是我的老公。我瞬間心想：「完了。」

我會這麼想是有原因的。因為結婚二十三年來，他從來不會在這種時候坦率接受我的撒嬌。果不其然，我們的對話變成了這樣：

老公：「廚房中島不是十年前就在那裡了嗎？為什麼妳到現在還會撞到手啊？」

我：「為什麼喔……因為我甩了一下手吧。」

老公：「為什麼妳要在一大早六點甩手呢？」

我：「蛤？為什麼喔？為什麼呢？啊，好痛。不過，我回答那種問題有什麼意義嗎？」

老公：「我要知道理由才能想辦法啊。」

我：「辦法？但我只是希望聽你安慰我一句而已。」

老公：「聽我的安慰有什麼意義嗎？」

呃，壓力好大。當女人只是想撒嬌的時候，男人好像總會多此一舉地設法解決問題。儘管心知肚明，我還是嘆了口氣。

就在我暗自後悔不該把老公誤認為兒子時，本尊走進客廳了。我一邊用眼神向老公示意，一邊重複同樣的台詞給兒子聽：「好痛啊，我撞到手了……」

「妳怎麼了？」兒子捧起我隱隱作痛的手，幫我檢查有沒有傷口、手指還能不能動。接著他搬來一張椅子讓我坐下，告訴我：「早餐我跟爸爸自己解決就好，媽媽坐著休息吧。」哎呀，難怪我捨不得放開自己的兒子（微笑）。

老公瞧我一臉得意，便露出不以為然的表情。

他甚至調侃兒子說：「虧你做得出這麼虛情假意的事。」兒子不以為意地回答：「這跟傷口多深沒有關係啊，因為媽媽需要的是心理上的安慰。」

兒子如此擅長這種事，當然都是我一手教出來的。老公遇到我的時候，男性腦早已定型，所以很難矯正。

女性腦的右腦（感覺區）與左腦（思考區，語言功能所在的區域）連結遠勝過男性腦，因此女人們多數時間能將她們的感覺立即化為語言。

女人會一邊大啖美味的烤雞串一邊說：「這美味多汁的雞肉真是太好吃了，皮也好脆喔。」、「香辛料也很對味。」、「柚子胡椒？」、「對對對，就是那個！」、「可以吃到這麼好吃的東西，我們太幸福了吧。」、「就是說啊。」

有人看過五、六十歲的男人們七嘴八舌聊著這些事嗎？女人所感覺到的事情會立刻浮上顯意識層次，不管是自己的情緒變化或是對方的喜怒哀樂，她們的反應都會很敏感。因此，察覺彼此的情緒並產生共鳴，對女性腦而言就是一種對話，也就是所謂的溝通。

所以，女人才會漫無目的地閒聊自己身上發生的大小事，例如，現在嘴裡食物是什麼味道、剛才差點在店門口跌倒、今天早上差點睡過頭等等。聽者只需要表示同感，簡單應和即可。

就算女人說的是錯的，也不要擅自幫她解決問題。除非女人主動問起：「我有事想找你商量。」、「我該怎麼辦才好？」這就是女性對話的規則。

拜託了，可愛的男性腦啊，希望你們能夠聽聽我們說話，溫柔撫慰我們這些女性腦。不要總是催促我們說：「究竟是怎麼一回事？」、「妳不能先說結論嗎？」

還有，女人說話不只是沒重點而已，結婚超過二十年以後，代名詞還會愈來愈多。例如這種情況，妻子說：「我說那個啊……」丈夫回答：「那個是哪個？」在邁入第三十年之際，有時妻子說話時連這種基本的主詞都會消失。

妻子：「因為頭暈的關係，所以去了醫院要求照ＭＲＩ。」

丈夫：「什麼？那結果呢？」

妻子：「結果啊，醫生說如果只有頭暈，不能做精密檢查，還提到什麼更年期障礙的，但這樣不是讓人很不安嗎？所以，就想盡辦法要人家做詳細的檢查了。」

丈夫：「所以結果是？」

妻子：「……那個啊，好像說是肝臟癌吧？」

丈夫：「什麼！」

妻子：「你幹嘛這麼吃驚啊？你明明就跟田中太太的老公沒那麼熟。」

丈夫：「蛤，什麼時候變成在講田中先生了？」

妻子：「我在檢查室前碰巧遇到田中先生的太太啊，就是從那時候開始的。」

丈夫：「還從那時候開始哩……（無言）」

這是一段實際發生在友人家的對話。順帶一提，妻子的檢查結果沒有異狀。各位男性讀者肯定會想，既然這樣，一開始直說不就好了嗎。

不過，從女性的心理來看，她們希望丈夫一起回顧自己曾經感到緊張或不安的那段時間。只要能與重要的人分享，即使是訴說已經過去的事件，一樣能安撫情緒。所以她們才會以充滿臨場感的方式，把事情從頭開始陳述一番，並不是因為頭腦不好才無法先講結論。

除此之外，女性腦一旦與他人的一體感增加，就會不由自主地誤以為對方也看到了自己在腦海中看到的東西。所以長期生活在一起的話，「這個」、「那個」等這類指示代名詞會增加，主詞則會消失。

由於女性與女性之間對此心照不宣，因此並不會對媽媽或女性朋友的「這個」或「那個」感到煩躁，即使突然改變主詞也不會被混淆。頂多就是冷靜地反問：「妳現在說的是妳自己的事嗎？」然而，男人正因為不曉得女性腦的這種習性，所以很容易被她們的對話內容混淆。

可是啊，不要嘆氣說什麼女人講話真的很難懂，因為這才是妻子愛丈夫的證明。

無法從結論開始講起，或經常漫無目的地閒聊，這都是妻子很重視丈夫，希望能夠與他共享過去時間的證明。動不動就用「這個」或「那個」省略主詞，也是一體感很強烈的證明。這樣一想，妻子那些令人摸不著頭緒的話，是不是也變得可愛了呢？畢竟如果沒有親近感的話，我們女性腦是可以表達得更加條理分明的。

女性腦與男性腦之間，正是存在著這麼一條「因為有愛，所以更深」的鴻溝。

本書也可以說是一本作為女性腦寫給男性腦的情書，希望能引領那些「因為愛你才會生氣」、剪不斷理還亂的成人男女們，也就是為所有夫妻與情侶量身打造，共同探討這道橫跨男女之間「既可愛又可悲的鴻溝」。

讀完本書，相信兩人的關係肯定能夠窺見些許不同，就像黑白棋終盤，黑子全部翻成白子一樣。

掌握夫婦腦，機智夫妻生活必備的熱戀攻略

無法從結論開始講起，或經常漫無目的地閒聊，這都是妻子很重視丈夫，希望能夠與他共享過去時間的證明。

Vol. 2

夫妻出門旅行就會吵架的定律

「剛才那個紅色的，買來當伴手禮怎麼樣？」
「那個？哪個啊？」

夫婦腦指南

男女平分了這世上的兩種才能，
所以夫妻的視線才會總是沒有交集。

前幾天搭新幹線出差，結果車上除了我，其他全都是旅客。外出旅遊的人是很聒噪的。看樣子，大概會吵到無法工作，也無法閉目養神。原本打算在東京到名古屋的車程間校完一本書的我，內心頓時感到很沮喪。

然而，一直到過了新橫濱，車廂內依然一片寂靜。我詫異地抬起頭，才發現所有座位都坐著六、七十歲的夫妻。即使先生偶爾開口說話，太太也只是興味索然地簡短應答，聊也聊不起來。多虧如此，我的工作進行地非常順利。

不過我還是暗自感到佩服，這些夫妻真是聰明的旅伴啊。夫妻到了這個年紀，出門旅行講愈多話愈容易雞同鴨講。以最低限度的交談默默相伴，才是最佳策略。

「富士山真美啊。」、「就是說啊。」同車約三十對氣質高雅的夫妻，其樂融融地欣賞著輪廓清晰的富士山，我要下新幹線的時候，他們正互相為對方打開宴席便當的蓋子。車廂內瀰漫著滿足的氣氛。

一般說來，不太會有如此琴瑟和鳴的夫妻。熟齡夫妻通常是會在旅行時吵架的。例如像這樣的對話：

妻子：「剛才那個紅色的，買來當伴手禮怎麼樣？」

丈夫：「那個？哪個啊？」

妻子：「當然是入口那邊紅色的那個啊。」

丈夫：「妳說話沒頭沒腦的，完全聽不懂。」

妻子：（唉～煩死了。）

我想男性讀者應該完全無法理解這段對話有哪裡不妥吧？順帶一提，如果是女性之間的話，對話會是這樣的：

「剛才那個紅色的……」

「喔，那個啊，那個真的很可愛耶！」

「妳也這樣覺得對吧？要不要再去看一次？」

「好啊！」

女性朋友之間的對話會很順暢，不會有卡住的時候，所以一旦兒女不再陪同出遊，妻子往往比較喜歡跟女性一起旅行。

熟齡夫妻出遊時話不投機，主要有兩個因素，第一個原因是熟齡夫妻各自看的東西不一樣。

男人與女人看東西的方法本來就不同，女性傾向於仔細檢視物體的表面，男性則傾向掃視整個空間。

女性腦這種仔細檢視物體表面的特性，是上天賜給女性用來養育還不會說話的小嬰兒的能力。一旦小嬰兒的臉色有任何變化，她們都能立即察覺，食物新鮮度的變化也能及時發現。還有，老公說謊也逃不過我們的法眼（微笑）。

男性腦掃視整個空間的特性，是上天賜給男性用來認知空間與察覺危險的能力。在從前沒有地圖也沒有標誌的年代，男人到荒野去打獵，之所以能夠順利返回自己的洞窟，就是拜這個能力所賜。現代男人可以讀解複雜的圖面、組裝機械，或是輕鬆倒車入庫，也都是高空間認知力的展現。另一方面，他們容易忽略身邊的事物，明明近在眼前的東西卻可以堅稱「沒有看到」；他們更是一種「打開冰箱以後，找不到妻子交代的東西，卻能神準地翻出過期食物來惹怒妻子」的生物。

因為男女雙方平分了這世上的兩種才能，所以夫妻的視線才會總是沒有交集。即使出門旅行，妻子只會仔細檢視眼前的東西，丈夫只會環顧周圍的環境。如果到了熟齡世代，因為老花眼而縮小彼此射程範圍，兩方更不可能看到一樣的東西，所以對話出現「剛才那個……」時，兩人才會雞同鴨講。

另外一個因素，無論什麼東西，都希望對方對「著眼點」產生共鳴，女人就是這樣的生物。在探究「剛才紅色的那個」是餅乾盒還是存錢筒之前，女人希望男人先尊重的是「我喜歡這個」這件事。所以，如果對方硬要探究「那個是哪個」的話，女人會感到很沮喪。

不僅熟齡女性如此，年輕小姐你一言我一語地嚷嚷「好可愛」，也是在發出「我在關注這個唷」的訊號。此時只要回應她們「哇，真的耶」即可。拜託千萬不要反問：「哪裡可愛了？」

熟齡妻子提起「剛才那個」的時候也一樣。希望做先生的可以溫柔回應：「剛才那個喔，嗯……我好像有看到。妳喜歡的話，要不要回去看呢？」這是熟齡夫妻的旅行，比起趕行程，太太的心情更重要吧？

掌握夫婦腦，機智夫妻生活必備的熱戀攻略

即使出門旅行，妻子只會仔細檢視眼前的東西，丈夫只會環顧周圍的環境。所以，當女人發出「我在關注這個唷」的訊號，此時只要回應她們「哇，真的耶」即可。千萬不要反問：「哪裡可愛了？」

Vol. 3

戀愛是人生的試煉

一想到我們個性有多水火不容，
就代表生殖適合度有多高，
反而莫名能認同我這個婚真是結對了。

夫婦腦指南

我們與陷入熱戀的對象之間，由生物體的反應差異性來看，兩人個性上的適合度往往是最差的。

若從腦科學來解讀，戀愛並不是那麼浪漫的事，反倒是相當嚴厲的人生試煉。

所有的動物，小至昆蟲，大至人類，一定都會散發出費洛蒙這種生殖荷爾蒙的體味。費洛蒙雖然是由嗅覺細胞所接收的「氣味物質」，但接收氣味的受體與嗅聞食物或花香的不同，並不會經過顯意識。換句話說，這是一種在不知不覺中嗅聞到的氣味。

費洛蒙本身的功效，就是透過氣味向異性傳達基因訊息（免疫抗體的類型）。換言之，在發生生殖行為之前，確認彼此基因的生殖適合度，是動物的本能。

免疫抗體的類型相差愈遙遠、愈不一致，生殖適合度愈高。理由是免疫組合愈多，多樣性也愈豐富，能提高後代的存活機率。

也就是說，動物一旦經由彼此的體味得知基因的免疫抗體類型，發現彼此的免疫抗體類型具差異性，兩人結合有可能達成優良的繁殖，便會對這個對象產生好感。這就是戀愛的核心。

好的，接下來請仔細想一想，免疫抗體的類型操縱著生物對外界的反應模式。免疫抗體的類型愈相近，生物的反應愈相似；反之，免疫抗體的類型差異度愈大、愈不一致，生物的反應愈有可能是截然不同的。

換言之，當某處傳來「碰！」的巨大聲響時，一人在原地縮成一團，另一人拔腿逃跑，就是夫妻組合可能會發生的事。像這樣，雙方採取不同的行動，才會有一方存活下來，也才能順利將孩子撫養長大。

如果一方怕冷，另一方就怕熱；一方神經質，另一方就少根筋；一方個性很乾脆，另一方可能就很執著……兩人之間種種天差地別的生活反應，導致某一方不經意的行動，在另一人眼裡卻顯得難以理解。

換言之，我們與陷入熱戀的對象之間，由生物體的反應差異性來看，兩人個性上的適合度往往是最差的，從自己的角度來看，對方所採取的行動也會顯得相當難以理解。

什麼嘛，原來是這樣啊！

當我得知男女戀愛中的腦部反應時，不禁如此感嘆。因為我的老公是我認識的男性裡面，我最無法理解的人物。即使結婚至今已邁入第二十四年，還是三不五時會發生我怎麼想都想不通，他為什麼會採取那種行動的事情。不過唯一可以確定的是，我以前曾經堅定地認為「如果這個人死掉，我想跟他一起入棺火葬」，即便我現在已經不太明白自己當初怎麼會那樣想了。

老實說，我有很長一段時間都在煩惱，不知道自己結這個婚是不是正確的決定，但一想到我們個性有多水火不容，就代表生殖適合度有多高，反而莫名能認同我這個婚真是結對了。

從此以後，只要老公做出愈多令人難以理解的行動，我就愈覺得二十五年前陷入熱戀的我們是多麼地可愛，也讓我最近一直想對老公更溫柔一些，可惜始終沒能付諸實踐……

好了，再說一個戀愛的祕密。

演化至爬蟲類以上的動物都有一種本能，當自己以外的個體太過接近時，就會在恐懼的驅使下感到不快，同時產生強烈的警戒心，擔心對方是否有可能危害到自己。這是動物的大腦用來保護自己的基本功能。

散播基因的雄性在面對雌性時，不需要如此強勢地畫出警戒線，反而主要發揮在面對其他爭奪地盤的雄性時。

不過，反觀生殖風險高的雌性，為了避免生殖適合度不佳的妊娠，在面對雄性時，她們的這道警戒線會發揮顯著作用。

然而，這樣下去將無法進展到生殖行為的階段，因此一旦費洛蒙成功媒合，從發情的瞬間開始，雌性會在一次生殖所需的特定期間內，對自己的發情對象移除警戒線。

人類的生殖週期包括懷孕與哺乳期，大約是三年，因此女性陷入戀情後，只有三年會對交往的男性呈現「情人眼中出西施」的狀態，如果三年內沒有進入生殖階段，她們就會突然開始挑剔起對方的毛病。

在戀情結束時，女人都會說「他變了」，但真正改變的，大多是女人的大腦。

「談戀愛的時候，男人與女人誰比較認真？」曾經有人這麼問我。我認為兩者皆非。因為，能讓女性移除警戒線的異性人數很少，所以在一定期間內，她們只會專注與一個對象交往。不過那個開關會瞬間切換，如果在那之前沒能順利培養出更深厚的友情基礎，兩人的戀愛結果將慘不忍睹。男性這一方，則因為大腦的感性區沒有鎖定單一個人為戀愛對象的功能，所以他們基本上都是處於「來者不拒」的被動立場，但也不會因為警戒解除期間結束，就突然強烈厭惡起對方。除非對方做了什麼天理不容的事，否則對男性而言，感情也有可能像悶燒的柴火一樣持續燃燒下去。

因此，如果想讓戀情開花結果，請盡量在女性的警戒解除期間內，也就是三年之內，培養出愛情以外的友情或敬愛之情，可以的話最好結婚，因為只要結了婚，就算對方開始嫌東嫌西，也不能隨便說散就散。

順帶一提，據說母親對兒子一輩子都不會拉起警戒線。所以，就算是年過五十的兒子，母親也依然視為小孩照顧，還會理所當然地說：「你跟小時候一樣，一點都沒變。」

因此，母親的愛當然勝過妻子的愛。做妻子的，除非很努力討對方歡心，否則很難拿來相提並論。

掌握夫婦腦，機智夫妻生活必備的熱戀攻略

從腦科學來解讀，戀愛並不是那麼浪漫的事，反倒是相當嚴厲的人生試煉。因此，老公做出愈多令人難以理解的行動，就愈令人覺得多年前陷入熱戀的兩人是多麼地可愛。

Vol. 4

男人為什麼需要「自己的小天地」？

男性腦迫切的真心話：
我們需要「無所事事的時間」。

夫婦腦指南

在家中沒有沉默時間的男性，將無法消除精神壓力，
在職場上的表現也無法發揮全力。

男性雜誌經常做「男人的小天地」特輯。英國紳士會造訪「禁止女性出入」的酒吧，但其實他們也不是要做些什麼會讓太太發飆的事，只是一群男人在一起廝混罷了。

向田邦子的小說中，有一篇中年男子私藏年輕小妾的故事。小妾雖然年輕，但並不是美女，談話也沒有比較得體，只是個笨拙又帶點土氣的女子。但男主角就是喜歡她的「寡言」，才納她為妾。後來，這名女子在都市的染缸中出脫得益發美麗，言行舉止愈來愈大方得宜。

從女性的觀點來看，她是為了丈夫努力變成更好的女人，但男子卻莫名感到疲倦，開始往其他宅院跑……大概是這樣一則短篇故事。其中精準描寫出男女的差別，是一篇非常真實的傑作。

寧可躲進自己的小天地，逃離完美妻子的男人；跟寡言笨拙的女人相處反而更自在的男人。其中反映出來的是男性腦迫切的真心話：我們需要「無所事事的時間」。

關於女性腦，她們的右腦（感覺區）與左腦（語言功能所在的區域）的連結佳，能輕易將「自己的感覺」立刻化為語言。所以女人總是滔滔不絕地照自己的感覺描述她們感覺到的事物。反過來說，她們如果不能把滿腦子的話說出口，就會累積壓力。

美國甚至有位心理學家說，女性一天必須開口說的單字量多達兩萬字。

因此，女性會一邊流水帳式地陳述一天下來發生的事，一邊叨叨不休地指示男人「要細嚼慢嚥」、「快去洗澡」。有時還在指示當中追加抱怨，連一些船到橋頭自然直的事情，不知為何也要一再地老調重彈。這些行為的目的都是為了消化掉兩萬字，徹頭徹尾沒想過要有效率地交換資訊。因此，這種看在男性眼裡好像在說一些沒意義言語的，就是女性腦。

而跟這種女性腦生活在一起的男性腦，該說可悲嗎？對於「滔滔不絕的流水帳」，男性腦的主人是會感到壓力的。一天至少需要三十分鐘刻意維持的沉默。從大腦的運作機制來說，如果連放空的時間都不被允許，那麼男性腦就算早逝也不奇怪。

理由在於，男性腦的運作機制。男性腦的右腦與左腦連結並不頻繁，他們通常傾向於局部使用單側半球。因此，在「把感受化為語言」之際，男人會先在右腦的圖像處理區整理好情況，再轉換為語言。所以男人講話可以直接從結論說起，也很擅長言簡意賅地陳述事情。

不過，正是因為有這樣的運作機制，所以男性腦必須要有「無意識地發呆放空，經由圖像去整理事情」的時間。

男人常常會有一段時間好像在看電視，又好像沒在看電視。如果在這時候轉台他們會生氣，但就算講到跟當下觀看節目有關的話題，又會一副「嗯？」的表情，彷彿一臉剛睡醒。這一瞬間總是惹得全世界的太太一肚子火。但是啊，其實在這段「放空」的時間裡，男性腦正默默地整理著今天發生的事。

除此之外，還有假日白天穿著睡衣在客廳裡無所事事的那段時間……

雖然女人看了肯定想說：「累的話就去睡呀，既然都起床了，還有一堆家事沒做，就稍微幫忙一下吧。」但男人並不是浪費時間在那邊發呆，他們的大腦正無意識地將這週發生的事放進圖像區做整理。

如果少了這道程序，就會在今天的事尚未整理好的狀態下迎來新的一天。沒有沉默時間的男性將無法消除精神壓力，在職場上的表現也無法發揮全力。

由於女性腦並不需要這種消化資訊的時間差，因此她們很難接受男性無所事事的時間。所以男人才會逃到圍棋俱樂部、跑去釣魚，或打造自己的小天地，以確保自己能有一段完整且不用說話的「放空時間」。

其實八歲以前的男孩與女孩也會有這段「放空時間」。八歲是掌管空間認知能力的小腦的發達臨界期，大部分的基礎能力都會在這個年齡之前成形。而為了構築腦的空間認知能力，平常就需要適度地放空。

即使是女孩子，如果比較有理科或藝術的天分，也可能從小就經常呈現放空的狀態，但男孩普遍來說比較顯著。而看在現實應對能力很高的母親眼裡，兒子就像是一種「日常生活中一逮到機會就在發呆」的生物。說得更準確一點，是「看起來像在發呆，但又會突然活動起來，有時還無法控制」的生物。在母系家庭成長的母親之中，或許有人會對於養育男孩失去信心，但其實沒有必要那樣。因為養育男孩，就等於是養育另一個與女性腦截然不同的「裝置」，所以沒有必要在意那些預料之外的行為。

順帶一提，據說因相對論聞名的愛因斯坦博士，在五歲之前都不會講話，上了高中後，也時常在課堂上發呆，聽不進老師說的話。他的身邊有個擅長物理的女朋友，時常在一旁關照他。那個人就是愛因斯坦的第一任妻子，同時也是物理學家的米列娃・馬利奇（Mileva Marić）。

好了，就算沒有愛因斯坦那麼嚴重，還是有很多男孩整天心不在焉。所以女人總是一不小心就嘮嘮叨叨地叮嚀兒子：「快點去做〇〇。」男孩如果不斷被催促，他的空間認知能力，也就是未來的理科能力會被削弱。由於無法良好整理大腦中的資訊，未來可能很難成就大業。

各位丈夫，為了同為男人的兒子著想，你們是不是該好好把這個事實告訴妻子呢？現在可不是尋找什麼小天地的時候了。

掌握夫婦腦，機智夫妻生活必備的熱戀攻略

男性腦必須要有「無意識地發呆放空，經由圖像去整理事情」的時間。所以男人才會逃到圍棋俱樂部、跑去釣魚，或打造自己的小天地，以確保自己能有一段完整且不用說話的「放空時間」。

Vol. 5

夫妻的定律

在結婚第七年、第十四年、第二十一年與第二十八年，會面臨夫妻的危機。

夫婦腦指南

結婚第七年「心動」消失了，
「融合」才剛開始。

夫妻有一個定律，就是在結婚第七年、第十四年、第二十一年與第二十八年，會面臨夫妻的危機。大家有注意到全是七的倍數嗎？

沒錯，人類的大腦有一個七年的生命週期。套用到夫妻關係上，似乎也無法違背這種生命週期。

人類的骨髓液每七年就會汰舊換新。雖然每天都會一點一點地汰換，但全部汰換完畢需要七年的時間。也就是說，任何超過七年的細胞都不會殘留下來。

骨髓是人類重要的中樞免疫器官。因此，隨著骨髓液每七年的汰舊換新，生物的免疫系統也會逐漸汰換。比方說，異位性體質（或稱過敏體質）發作後的第七年，症狀有可能會出現急劇改善等等。

生物一旦接收到外界的刺激，免疫系統就會產生反應。此時的過度反應就是異位性體質或過敏。不過，在重複受到相同刺激的過程中，免疫系統會逐漸接受「這個狀況是環境的一部分，必須接受才行」，而不再視為「應該產生反應的外界刺激」。就這樣直到身體完全「接受」為止，總共需要七年的時間。

進入婚姻生活以後，夫妻會生活在彼此的體味中。一開始彼此的氣味屬於「應該產生反應的外界刺激」，所以會心跳加速。因為心跳加速的關係，彼此會產生情欲也會吵架。「煩躁」跟「心癢難耐」在腦科學上，是意外相近的兩種情感。

只要沒有嚴重傷害到彼此的人性，這個狀態就會持續七年。正如前文所述，女性的「情人眼中出西施」開關，在交往滿三年就會切斷。交往到了第四年，就會開始挑三揀四。話雖如此，如果能夠順利結婚，從結婚開始到滿六年之前，都能夠像半戀人的夫妻一樣，雖然生活相處也會偶有抱怨或吵架，但仍然會感到心動。

然而，到了結婚第七年，夫妻的免疫系統會「接受」彼此的氣味是環境的一部分。簡而言之，就是不再感到心動。不過從這裡開始，對方會逐漸變成自己的一部分，因此也可以說是開始「融合」的一年。

話雖如此，結婚第七年「心動」消失了，「融合」才剛開始。從某種意義上來說，夫妻處於相當危險的狀態。

結婚第七年。面臨到這樣的狀況，夫妻都有可能對外面的異性感到些許動心。不過會不會外遇是教養的問題，所以並不是所有人都會有「七年之癢」的經驗。

即使是忙著育兒沒空對外面異性感到動心的主婦，也很容易對丈夫產生懷疑的心情，暗自感到：「我真的要跟這個人一輩子嗎？」結婚七年的夫妻也很容易怨嘆「他都不幫忙顧小孩」或「老婆只關注孩子」。根據問卷調查顯示，很多人下定決心離婚也是在第七年的時候。

因此，在結婚第七年，內心開始蠢蠢欲動的人，請千萬要注意這件事。太太在這個時期也會比較容易起疑心。正因為有些太太容易起疑心，反而會不安地尋求更多肢體接觸，這時千萬不能自視甚高地以為「我老婆總是很熱情，所以沒問題的」。

當你對婚外的女性感到心動時，請再好好思考一下，並不是只有你一個人不再心動了。家庭沒有想像中堅若磐石。即使說夫妻的命運取決於你如何挺過這個時期，也絕非言過其實。

人類不只可以靠本能，也能依靠理性建立信賴關係。但如果因此輕視本能的話，就會在意想不到之處被絆一跤。只要知道本能如何運作，就能彌補無意識的漏洞。婚姻潛在的風險應該是可以避免的。

只要知道「戀愛不是永遠的」，就不會因為「何止不再心動，最近已經厭倦了。他或許不是我命中注定的那個人」等念頭而動搖。若能轉念心想：「這值得我們克服戀愛的渴望、克服厭倦的感受。」那麼婚外情人也會相形失色，黃臉婆也會變得很可愛（但願如此）。

第十四年與第二十一年也適用第七年的定律。由於很多人在這些年產生「離婚的決心」，如果你剛好在這時考慮離婚，我希望你多忍耐個一年。也許兩人的關係會出現意想不到的正向提升。而到了第二十八年，夫妻將迎來最嚴重的「厭倦」。至於第二十八年會發生什麼事，就敬請期待吧。

掌握夫婦腦，機智夫妻生活必備的熱戀攻略

戀愛不是永遠的。家庭也沒有想像中堅若磐石。夫妻的命運取決於你如何挺過「七年之癢」時期。克服戀愛的渴望、克服厭倦的感受。那麼黃臉婆也會變得很可愛。

Vol. 6

化危機為轉機的方法

跟家人吵架之後，
有什麼方法可以化解尷尬的氣氛嗎？

夫婦腦指南

被質問的瞬間，也是表現愛意的機會。效果會比心情好時說的「我愛妳」好上許多倍，請不要錯過這個大好機會。

「請問跟家人吵架之後，有什麼方法可以化解尷尬的氣氛嗎？」我曾在雜誌採訪中被問到這個問題。

有時跟家人起口角之後，即使理論上達成共識，氣氛還是會一直尷尬下去。如果有一句話可以化解那樣的氣氛，請不吝告知。

我在採訪時深思許久，卻完全想不到答案。話說回來，想用一句話就化解這種狀況，不是很自不量力嗎？我甚至懷疑起這個問題的層次。於是，我決定把這個題目帶回家。

事實上，我家兒子在面對家人之間的摩擦時，是個非常擅於消除疙瘩的天才。因此，我試著把問題丟給我兒子，結果他斬釘截鐵地說：「會留下尷尬的氣氛才是問題的癥結。」

他說，當遭到質問時，不管理由是什麼，都應該誠懇傾聽對方的說法，然後先為造成對方不快一事道歉。就是因為不道歉還找藉口，才會留下尷尬的氣氛吧？

的確，兒子每次被我質問「為什麼這樣？」時，一定會顧慮到我的心情，先回應我：「啊，媽媽對不起，妳都這麼忙了，我還讓妳有這些怨言，真是不應該。」接著，才會心平氣和地告訴我事態發展至此的理由。如果他先找藉口的話，我肯定會惱羞成怒，但換個順序之後，我的感覺的確就會變成：「原來是這樣啊，那也是沒辦法的事。」說來還真不可思議。

「你真是個溝通天才啊。」我大力稱讚他。他不以為然地答道：「我跟妳說，這才不是什麼技巧，那是因為質問的一方受傷了。而我是真的很擔心妳的心情。」我聽了，胸口一陣緊縮。

質問的一方，受傷了。

一念之間的轉換，會對人生帶來偌大的差異。吵架的場面可能因此呈現一百八十度的不同結果。

質問的一方受傷了。就算原因只是誤會一場，或是對方無理取鬧，但在開口糾正之前，都必須先替對方的心療傷才行……辯解或說服都是之後的事了。

當你被太太質問時，我希望你在說出「我也是不得已的」之前，可以先試著考量她的心情再開口，例如：「家裡的事都丟給妳一個人負擔，真是對不起。」或是「我沒注意到妳那麼累，真抱歉。」等等。然後再說：「其實，我因為最近公司專案漸入佳境，沒心力去顧及到別的事。」明明這樣講就能傳達的事情，就是因為從「我也是很忙的」這種防禦姿態開始，太太內心才會起疙瘩。

如果被逼問「工作與家庭，哪個比較重要？」時，就先道歉：「我讓孩子們感到寂寞了吧？對不起。」約好碰面卻遲到的話，也能先這樣道歉：「妳站在這裡等了三十分鐘嗎？對不起讓妳乾等這麼久。」忙碌的理由也好，遲到的理由也罷，都應該先開口關照對方的感受再做解釋，不管理由再正當都一樣。

面對孩子也是一樣的：「爸爸沒有做到跟你的約定，對吧？對不起。」、「抱歉，我沒有理解你的感受。」不要吝於開口關心對方的感受。

對於父母當然也不例外。雖然母親對成年兒子說的嘮叨話，很多都是瞎操心，但請不要一臉不耐地敷衍她，而要對她說：「知道了，媽媽，抱歉讓妳操心了。」

我認為這就是大人的責任，無關男女。會質問你，代表這個人很信任你。因為遭到背叛（認為自己遭到背叛），才覺得受傷。仔細想想，或許就是因為在乎，才會這樣質問你吧。

而且被質問的瞬間，也是表現愛意的機會。如果能夠表示出「噢，我竟然對如此重要的妳做出這種事……」等態度與言語，效果會比心情好時說的「我愛妳」好上許多倍，還請不要錯過這個大好機會。

我跟兒子只有一次吵架後留下疙瘩，那是在他國中二年級發生的事。當時可能是青春期的煩躁感爆發，他狠狠地批評了我這個做母親的。最後他雖然認錯道歉了，但指責我教養方式的那些言詞，反而在他自己心上留下了疙瘩，如鉛塊般沉重的氣氛始終消散不去。

不過啊，那天晚上，我的筆電上貼了一張便條紙，上面寫著「啾」。尷尬的氣氛瞬間冰消瓦解。我覺得我們之間的心理羈絆，似乎從那個時候開始更加強韌了。

這應該是成年男性也可以使用的方法吧。如果覺得「啾」很害羞，也可以在冰箱上黏一顆太太喜歡的巧克力。彼此的心理羈絆肯定比吵架之前更穩固。俗語說得好：「下過雨，地面更堅固。[1]」但要使地面堅固，也需要下一些功夫才行。

1 日本俗語。意思是發生爭吵或不好的事情，反而讓整件事情轉往好的方面發展。近似雨過天晴的含義。

掌握夫婦腦，機智夫妻生活必備的熱戀攻略

質問的一方，受傷了。所以忙碌的理由也好，遲到的理由也罷，都應該先開口關照對方的感受再做解釋，不管理由再正當都一樣。

Vol. 7

老公的鈍感力：看不見的任務

男人總說：「妳跟我說，我就會做了啊。」
不管是「垂下眼睛」或「輕描淡寫」，
在女人眼裡看來就等於把心情直說出口。

夫婦腦指南

對於丈夫很遲鈍這件事，請不要暗自感到神傷，因為全世界的丈夫幾乎都有鈍感力。

在男性眼裡看來，女性是察言觀色的天才。

連接右腦與左腦的神經纖維束稱作胼胝體，而女性的胼胝體又比男性的粗厚約二〇%。因此，女性腦的右腦（直接連結五感、處理圖像的感覺區）與左腦（直接連結顯意識、掌管語言或數字的思考區）連結較好，只要她們一感覺到什麼，就會立刻浮上顯意識，產生連結。

「聊天聊得正盡興的女生朋友，突然一臉悲傷地垂下眼睛」——光是看到這一幕，女性就會回想自己前面一連串的發言，並開始自我反省「我剛剛說了什麼不該說的話嗎？」或是臆測「她跟老公發生了什麼事嗎？」。而且與此同時，她們不會中斷進行中的對話！

年輕女性相信，自己與生俱來的這種能力，男性身上也有。因此，在面對男朋友或上司少根筋的言論時，會哀傷地垂下眼睛，表現出希望他們別再說了的樣子。不過這種如祈禱般的行為，通常都會被男性忽視，令人感到沮喪。

有時候，女性也會寄出輕描淡寫的季節問候信，渴望寄託自己寂寞的心情。缺乏經驗的年輕男子可能會說：「女人很愛吊人胃口，麻煩死了。」但其實我們並沒有要吊人胃口的意思。不管是「垂下眼睛」或「輕描淡寫」，在女人眼裡看來就等於把心情直說出口，是能夠確實傳達資訊的方法。

男性腦具有鈍感力，一種不會受到眼前對象表情變化影響心情，可以長時間保持強烈專注的能力。

在遠古時代，外出打獵的男人如果一直在意離開洞窟時妻子的表情，說不定會被猛獁象一腳踩扁或跌落山谷。從數千年前開始，男人就為了善盡命懸一線的責任，而培養出鈍感力。即使到了現代，也多虧有男人的鈍感力，才能夠造樓搭橋，獲得穩定的電力供給。對於男性腦的鈍感力，我們女性絕對是應該滿懷感激，沒道理生氣。

但說來也真悲哀。老婆今天變了一種新髮色，甚至是換一個不同的髮型，丈夫不會發現；老婆一臉不高興了，丈夫不會注意到表情變化；當老婆用力暗送秋波，希望對方幫忙做家事，丈夫更是不會察覺到。

男人總說：「妳跟我說，我就會做了啊。」

但這是不一樣的兩回事。女性覺得「男人主動察覺才有意義」。雙薪家庭的太太下班回家後，還沒好好喘一口氣，就直鑽廚房煮飯。丈夫攤開的報紙雜亂無章地放在餐桌上。太太總會想像，這時如果說一聲「要吃飯囉」，就有人主動收拾餐桌、擺放碗筷，甚至幫她倒杯水，那該有多好啊。然而大部分的丈夫都不會察言觀色做到這些事。

如果太太說「幫忙收拾餐桌」，他們可能只會折起報紙而已。太太聽到「收好了」以後端出飯菜，卻有可能看見沒擺好的電視或冷氣遙控器，以一個歪斜的角度放在奇怪的地方。明明需要用到小碟子，卻沒拿出來擺好。何止如此，連筷子跟醬油都沒有。雖然開口指示「把遙控器收好」、「幫忙拿小碟子」、「把筷子擺一擺」，丈夫的確會幫忙，但太太卻會感到悲哀得受不了。

因為女人只有在非常看不起一個人時，才有可能做出同樣的舉動。女人為了傳達出輕視對方的訊息，反而會刻意不對對方察言觀色。因此，丈夫依循男性腦構造自然生成的「不察言觀色的生活」，往往在不知不覺中傷害到妻子。

女性腦不僅是察言觀色的天才，更是掌控流程的天才。去廁所途中順便把餐桌上的杯子拿去洗，在刷牙時順便擦鏡子。買東西時就算沒在清單上，也可以瞬間回想日常生活，迅速買好缺乏的生活用品。在這樣的女性眼裡看來，老是把用過的東西隨手亂放，或是連託買的東西都買不齊的丈夫，自然會讓人氣得牙癢癢的。

話雖如此，要叫胼胝體很細薄的男人培養出同樣的察言觀色力，也是相當困難的事。如果是在工作等特定認知領域學習技術還可以，但在瞬息萬變的生活場景中，要男人培養出與女性腦相等的察言觀色能力，幾乎是不可能的事。因此，最好的方法其實是讓女性了解男女腦的差異。

各位男性讀者，請把這一篇文章分享給太太或女朋友看吧。至於各位女性讀者，對於丈夫很遲鈍這件事，也請不要暗自感到神傷，因為全世界的丈夫幾乎都有鈍感力。

另外還有一件事想告訴男性。不善察言觀色的男性腦，對於家事也只掌握了實際的三分之一而已。也就是說，即使男人自認為「有做一半的家事」，實際上可能只做了六分之一而已。希望各位能理解，太太其實做了很多你沒有掌握到的家事。就算無法具體察覺，也應該對她說一句：「謝謝妳平常的付出。」男人們，請對太太抱持感謝的心情吧。

掌握夫婦腦，機智夫妻生活必備的熱戀攻略

要男人培養出與女性腦相等的察言觀色能力，幾乎是不可能的事。因此，最好的方法其實是讓女性了解男女腦的差異。而男人們就算無法具體察覺，也應該對妻子說一句：「謝謝妳平常的付出。」

Vol. 8

把老婆變成新婚妻子的方法

細微的生活瑣事即可，開口對她說：
「妳一直以來都為我做了這些事。」

夫婦腦指南

女人並不是想要你的稱讚，而是想要你的理解，聽到你開口慰勞她過去的付出，最能夠打動她的心。

女性腦具有一次掌握「首尾脈絡」的能力。在當下的對話或思考時，她們可以一次在大腦的初級整合區展開數十年相關記憶。這是上天賜給女性養育後代的能力。

舉例而言，假如孩子在半夜發高燒了，女人會回想以往的發燒情形，再觀察現在的狀況。如果與過去的情況不同，她就會察覺到「孩子明明發高燒，臉卻不是紅的，反而有點發青，跟之前都不一樣……」而感到緊張。有時也會回想起老大發生過類似的情況、自己小時候的記憶，或是幾年前在公園跟媽媽朋友聊天時得到的資訊……全部的記憶總動員以後，再機動性地判斷該如何應付眼前發生的狀況。

所以女性隨著年齡的增長與經驗的累積，愈來愈懂得當機立斷。比起外表，魄力更能反映出女人的年齡。

體系完備的知識加上從經驗磨練出來的智慧，我們女性總是能在瞬間做出最佳的人生判斷。雖然我老公總是抱怨：「女人說話變來變去的。」但那樣當然不是問題，因為經驗不同了，判斷自然也不同。

當然，我想世上總是會有必須為了秩序而誠實堅守過去判斷的時候，而我一直以來在職場上也是這樣做的。但是攸關家人性命的事情，不可能講究什麼公平性或普遍性。因為有時母親或妻子的直覺，會一眼看出醫生疏忽掉的地方。

好的，這個育兒或照護必備的「總動員過去類似記憶」的能力，其實有個副作用。

那就是，丈夫一旦說出任何少根筋的話，妻子的腦海裡就會一次列出他過去所有少根筋的發言。由於是在無意識之間、一瞬間發生的事，因此很可惜的是，我們也無法阻止。仔細想想，大腦只不過是很認真地在進行「一次列出眼前事件的相關記憶」的作業而已。至於那是最好睜一隻眼、閉一隻眼的負面記憶，還是能夠救命的實用記憶，在這個階段是無法區別的。

因此呢，如果是結婚二十年的主婦，就能夠一口氣細數二十年來的不滿。「你還記得我在懷小明的時候，你對著孕吐很嚴重的我說過什麼嗎？」（如今小明都已經是大學生了）類似這樣的情況比比皆是。

把陳年積怨說得像昨天發生的事一樣充滿臨場感……這樣的妻子在古今中外都不算稀奇。

但若站在丈夫的立場，那就有一點可憐了。畢竟那些只不過是過去微不足道的失敗，卻在妻子腦中一再回放，不斷提高想起記憶的閾值（記憶的分量）。而且，即使已再三道歉，有時候甚至買了禮物補償，依然會發生這種事。就算有男人認為「這樣有點卑鄙吧」，也無法否認。但還是要再次強調，我們女性無法阻止這件事。

另外，男性有時候會對「女人到昨天為止還能容忍的事，今天卻突然翻臉」感到困惑，也是起因於這種能力。

比方說，丈夫老愛把襪子脫了丟在客廳地上，就算妻子多次提醒「把襪子收好」也不聽……這時，妻子會先默默幫忙收拾，但如果丈夫一直不當一回事，情況就（有可能）突然一發不可收拾。

因為第一次收拾的時候，只有一次的不爽，但收拾到一千次以後，就會累積一千次的不爽。直到某天突然超過女人忍耐的限度，就會開始看什麼都不順眼，甚至很有可能演變成「連在同一間屋子裡呼吸同樣的空氣都討厭！」的程度。

男性腦的情況是，一旦決定容忍，就算到了一千次也會帶著跟第一次一樣的心情去面對。對男性腦而言，女性腦的爆發肯定是晴天霹靂吧。我對各位男性深感同情。

但是，正因為具備這樣的能力，女人才能有條不紊地完成人生第一次的育兒，也才能夠反應敏捷地應付第一次的照護工作。

作用與副作用是一體兩面的。就像男性腦在憑藉高度空間認知能力運作社會的同時，也在家庭內部發揮鈍感力，女性腦雖然有從經驗中生出智慧的能力，卻也有容易累積怨懟的一面。雙方何不擁抱彼此的優點，對缺點睜一隻眼、閉一隻眼呢？

再來，「對女性腦沒轍」而感到絕望的你，不用灰心，男人只要善加利用女性腦這種反覆的習性即可。

祕訣就是讓女性腦灌入正面記憶，而不是負面記憶。首先第一步就是，提及「妻子持續在做的事情」。

舉例而言，假如在結婚二十五年的某一天，聽到丈夫說出這樣的話，感覺如何呢？

「妳煮的味噌湯，我已經喝了二十五年嗎？比喝老媽的味噌湯還久呢。」

妻子的女性腦應該會浮現重複上千次煮味噌湯的畫面吧。新婚時曾經有過明顯失敗的日子，即使如此，老公好像還是默默地喝完了。雖然孕吐嚴重時聽到他抱怨：「什麼嘛，連味噌湯都煮不了嗎？」，你還氣得大罵，「你怎麼少根筋到這種程度啊！」但原來他是這麼地重視我煮的味噌湯啊……就這樣，妻子腦中的負面記憶也會逐漸變成正面記憶。

而且在往後的日子，妻子忠實的女性腦每次煮味噌湯時，都會再次想起丈夫感謝的話語。這樣一來，就算哪天你退休了，應該也不必聽到她說：「我也要從家庭主婦的崗位上退休，早餐你就自己隨便解決吧。」（應該啦）

若你覺得不好意思，也不一定要稱讚她或說出「謝謝」，只要默默把她「一直在為你做的」事情說出來即可。

不過在說出這句話之前，請先搞清楚自己究竟喝了多少年的味噌湯喔，不然如果她說：「還沒吧，媽做的味噌湯你不是喝了三十年嗎？」那可就白費心機了。當然，也可以用其他事情取代煮味噌湯，例如泡咖啡、燙白襯衫、擦皮鞋、隨時在杯子裡添牛奶。細微的生活瑣事即可，總之就是要好好留意到妻子一直以來為你用心付出的地方，並開口對她說：「妳一直以來都為我做了這些事。」

留意她「一直以來為你用心做的小事」，這不僅對妻子有效，對職場上的女性也有效。

「妳每天早上向我打招呼都好有精神」、「只要妳幫我貼好便條紙，我處理文件的時間就會比平常少一半」等等。

比起有輸有贏的客觀指標，女性更希望確認「自己是特別的」。男性或許會感到驚訝，但在生物學上，必須在競爭中勝出才能繁衍後代的男性，與必須保護好自己才能繁衍後代的女性，在這一點上差異甚鉅。

女人並不是想要你的稱讚，而是想要你的理解，所以聽到你開口慰勞她過去的付出，最能夠打動她的心。

為了不讓她想起負面記憶，另一種方法是讓她反覆想到未來。與她分享、勾勒未來一段時間的計畫，例如：「等楓葉再紅一點之後，要不要去日光？去吃之前電視上播的湯葉懷石。」或「今年的結婚紀念日是星期六吧？要不要買瓶好喝的葡萄酒啊？」

在反覆想著不久之後「要穿什麼衣服去才好呢？」的期待中，女性腦就沒空想起過去的負面記憶。

開口慰勞妻子過去的辛勞時間，編織未來的美好藍圖，就是把滿腹怨懟的老婆變成天真新婚妻子的魔法。各位不妨試一試。

掌握夫婦腦，機智夫妻生活必備的熱戀攻略

把愛抱怨的老婆變成天真新婚妻子的魔法：

祕訣①：讓女性腦灌入正面記憶，而不是負面記憶。留意到妻子一直以來為你用心付出的地方，並開口對她說。

祕訣②：讓她反覆想到未來。與她分享、勾勒未來一段時間的計畫，讓她擁有期待。例如：「今年的結婚紀念日是星期六吧？要不要買瓶好喝的葡萄酒啊？」

Vol. 9

夫妻一心同體

能瞬間發現遠處危險與近處危險的大腦組合，
就是所謂的夫妻吧。

夫婦腦指南

夫婦腦兩兩一對，就像精密的機械一樣，絕對不能拆散。

超越戀愛或愛情的共生意義就在於此。

男人與女人看東西的方式不同。

男人慣於大範圍掃視整個空間，因此往往會忽略眼前的東西。

「我的眼鏡呢？」、「電視遙控器不見了！」丈夫著急地把在廚房忙碌的妻子叫出來以後，卻被大罵：「不就在你面前嗎！」或是找不到老婆說的那件「從上面數來第三個抽屜」裡的內褲，只好叫她過來，結果還真的在裡面，類似的狀況相信各位丈夫應該都有經驗。「不就在這裡嗎！」只見老婆氣呼呼地把東西丟過來。「但剛剛真的沒看到啊……」如此嘀咕的你，是正統派的男性腦。

反觀女性則有仔細檢視物體表面的特性。此外，據說女性分辨粉色系色彩差異的能力，也是男性的十幾倍。多虧有這些能力，女性才不會忽略小嬰兒臉色的變化，也能順利辨別食材的好壞。

仔細檢視物體表面的女性，幾乎不會漏看眼前的東西。當她迅速找出丈夫嚷嚷著「沒看到啊」的眼鏡或遙控器，才會忍不住露出「你是笨蛋嗎？」的表情。因為她自己不會看走眼，所以真的會產生這種感覺。

上天在這個世界上創造了男性腦與女性腦。一方能夠掌握整體空間，迅速察覺危險、正確認知與獵物之間的距離，或是理解複雜的圖面。另一方能夠密切掌握自己的周邊細節、替不會說話的嬰兒做好健康管理、分辨食物是否腐壞，並且看穿他人的謊言。

每每想到男女看東西的方式不同，就更能體會到這世界上有兩種不同腦的意義。這個組合非常合乎邏輯。如果把腦設計為遠近兩用的混合體，判斷就會變慢。正因為集中在其中一邊，才能夠瞬間分辨危險。瞬間發現遠處危險與近處危險的大腦組合，就是所謂的夫妻吧。

而且會相互產生情欲的男女，免疫抗體的類型也不一致。因為男女會透過部分的體味讓對方知道自己的免疫抗體類型，當類型差異愈大時，雙方的好感度愈高。

免疫抗體類型不同，亦即生物對外界反應截然不同的男女，會在觀看世界方法完全不同的前提下，一起生活。夫婦腦兩兩一對，就像精密的機械一樣，絕對不能拆散。超越戀愛或愛情的共生意義就在於此。

在婚禮致詞等場合常說：「夫妻一心同體。」我想這句話真正的意思就在這裡。個性截然不同的兩人以團隊形式，組成一個完整的組織。合為一心的出發點，在於達成生物追求健全生活，也就是改善生存條件的使命，而不是做到「感覺與思考達成一致」。

因此，如果誤解了「夫妻一心同體」這句話，夫妻這個組合就會變得相當辛苦。對新婚夫妻致贈這句話時，請務必傳達出正確的意思。

好了，再來談談渴望一次掌握整體空間的男性腦。其實在概念空間上也是一樣的。如果不能「綜觀全體，並掌握自己目前所在的位置」，男性腦就會感到疲乏。換言之，男性腦對於看不見目標的事情，耐性顯著低於女性。

例如，女人絮絮叨叨個沒完沒了的時候，男人如果被迫聆聽一堆沒有方向的閒談，免疫力就會逐漸下降；又或是女人逛街一直走不到目的地的時候，明明聽到老婆說要「買飯勺」，結果卻逛到床具賣場，接著又在女鞋賣場待了好久……究竟要逛到何時才會結束？

反觀能夠專注於眼前事物的女性腦，對於「看不見方向的事情」比較有耐性。但假如有人太過要求必須一步一步達成階段性目標，反而會使女性腦愈來愈消沉。

職場上活用人才的方式也一樣，男性無法長時間忍耐看不見方向的工作，必須設定詳細目標與確認目標（報酬或職銜）。另一方面，女性在詳細設定目標的情況下無法發揮實力。如果上司說：「給妳一年的時間，照妳喜歡的方式去做，有事我負責。」那就再好不過了……不行嗎？

掌握夫婦腦，機智夫妻生活必備的熱戀攻略

夫妻一心同體。個性截然不同的兩人以團隊形式，組成一個完整的組織。合為一心的出發點，在於達成生物追求健全生活，也就是改善生存條件的使命，而不是做到「感覺與思考達成一致」。如果誤解了，夫妻這個組合就會變得相當辛苦。

Vol. 10

女人生氣的時候

明明都已經「每天回去太太身邊」了，
不然還想要我怎麼樣呢？

夫婦腦指南

生氣的她，背後肯定有「絕望的種子」。
應對方法只有一種，就是溫柔地撫摸她的傷口，誠懇地療癒她。

「女朋友生氣的時候，該如何應對比較好？」

這是某個廣播節目提出的採訪題目，他們說：「節目中想出五種應對方法，希望您按照效果排出優劣順序。」

五種方法分別是：①不斷道歉。②追究分析她生氣的原因。③惱怒地說：「我又不是故意的！」④安撫她說：「妳先冷靜一下。」⑤因為一旦開始道歉就會沒完沒了，所以先輕描淡寫地道歉以後，再一言不發地打發過去。

「嗯……」我沉吟不語，因為先不談什麼排序的問題，這五種方法全都不對。

質問的人受傷了。

我希望男人可以把這個事實再次牢記於心。當女人生氣地質問你時，代表她們受傷了。

的確，生氣的原因或許微不足道，可能是訊息回得比較慢，可能是沒專心聽她說話，或者是忘記紀念日……如果工作上遇到比較麻煩的案子，當然有可能發生這些事。如果因為這種事情發怒，只會讓人覺得是小鼻子小眼睛的不滿而已。所以男人才會一個勁地道歉，試圖隨便應付過去，或是氣得回嘴，希望女人可以閉嘴吧。

但真正的原因並不在於生氣的理由，而是女人在指責你「根本沒在聽人說話！」時，她的心中種下了一顆絕望的種子。一種「這個人肯定覺得有沒有我都無所謂」的根本性絕望。因為不敢直接把那份絕望說出口，所以女人才會為了不起眼的小事生氣，表現得咄咄逼人。

男人不可以培養這種「絕望的種子」。生氣的她，背後肯定有「絕望的種子」。因此正如前文所述，應對方法只有一種，就是溫柔地撫摸她的傷口，誠懇地療癒她：「我讓妳受傷了嗎？看來我做了對不起妳的事。」

事實上，造成女人生氣的那些原因，對女人來說也是微不足道的小事。如果對方是自己信任的人，那些都只是幽默自嘲一下就可以解決的事。所以面對生氣的原因，不管是追究分析或不斷道歉，女人都不會感到滿意。

順帶一提，我家兒子在我生氣時，一定會這樣說：「媽媽對不起，妳都這麼忙了，我還做了這種事惹妳生氣。」

這句話傳達出來的訊息是「妳很重要」。妳很重要。如果三不五時接收到這個訊息，女人不管今天或明天都會過得很快樂，而傳達訊息的重要機會，就是「牢記紀念日」與「女人生氣時的應對」。

其實，在成熟的男性之中，肯定也有人對此心知肚明，所以刻意靠不起眼的小事蒙混過關。因為他們害怕接觸到這顆「絕望的種子」。

害怕太太再次追究起「反正你根本不在乎我吧？」時，自己可能會不小心承認，沒錯吧？（微笑）

我能理解這種心情。明明都已經「每天回去太太身邊」了，不然還想要我怎麼樣呢？以男人的立場，肯定會這樣想。男人在求婚時（接受這段緣分時），已經做好了一輩子的心理準備，不管廚藝好不好，不管美醜，都不會拿「是否記得結婚紀念日」這種事情來衡量妻子的存在意義。正因如此，他們也做不到動不動就美言幾句，來強調另一半的存在意義。

若仔細檢視男性腦，也會對男人的說法感到意外。我都默默為家人工作賺錢了，為什麼還要特別說「妳很重要」，才會感到滿足呢？

女人或許會被認為太貪心，但那是同理需求高的女性腦特性。正因為具備同理心，才會在男人脆弱時發自內心感到同情。相對地，我們也希望堅強的你可以偶爾回過頭來。男人啊，請溫柔地看看我們吧。

掌握夫婦腦，機智夫妻生活必備的熱戀攻略

希望男人可以把這個事實再次牢記於心。當女人生氣地質問你時，代表她們受傷了。

Vol. 11

女人愛講話會拯救世界

「妳說這些話的重點是什麼？」
「你根本沒在聽我說話！」

夫婦腦指南

男人啊，請不要感到厭煩，因為女人愛講話可是上天賜予的崇高天賦。女人的閒話家常，或許在二十一世紀會愈來愈重要。

女人很愛講話。

這樣一說，所有從國高中生到熟齡世代的男性都會露出「深切認同」的表情，用力點頭。就算有些人說太太不愛講話（或者是不願意跟你講話），似乎還是會在某些情況下產生共鳴。如果從男性腦渴望簡潔交換資訊的構造來想，確實很令人同情……但是，男人啊，請不要感到厭煩，因為女人愛講話可是上天賜予的崇高天賦啊。

女性會滔滔不絕地把自己感覺到的事物化為言語。

比方說，在大啖美食的時候。女人這種生物就是會在吞下食物之前，說出東西有多好吃。一邊吃著甜點，一邊七嘴八舌地說「好香濃喔」、「慢慢在嘴裡化開了」、「是很清爽的甜呢」、「我最喜歡草莓一粒一粒的口感了」等等。我們從來不會因為對方也在吃同樣的東西，就認為沒有必要說出口；或者說，正因為吃的是同樣的東西，才更要說出口。畢竟女性對話的最終目的，就是要產生共鳴。

互相笑著附和「沒錯沒錯」、「真的是那樣」，然後在饗宴的最後說：「雖然發生了很多事，但能吃到這麼美味的東西，我們真的很幸福吧。」、「就是說啊。」用言語為大家的心情做出結論。女性的對話總是以共鳴作結。

反過來說，如果沒有產生共鳴，女性的對話就不會結束。如果你每天聽她說話聽到耳朵都長繭了，卻還是被質疑：「你沒在聽我說話。」代表你的回應缺乏共鳴。

所謂有共鳴的回應，就是重複說話的內容，例如：「好冷喔！」、「對啊，真的好冷。」、「我冷得受不了了。」、「是喔，妳冷得受不了了嗎？」但是當女人說：「我變胖了嗎？（變老了嗎？）」，這時你絕對不能老實回答：「嗯，妳變胖了（妳變老了）。」

女人並不指望在對話中及早解決問題。然而，喜歡把成本降到最低的男性腦，往往會多此一舉地試著在對話過程中解決問題。例如，太太撒嬌說：「東西好重喔。」先生卻回答：「我們家裡才兩個人，不需要一次買這麼多東西吧，需要的時候再多跑幾趟，不就好了？」如果這樣回答，不如不要說話比較好。那些形容太太不愛講話的丈夫們，肯定在結婚生活剛開始的階段說過不少這類「試圖理性解決」的回應。

另外，話才說到一半，「妳說這些話的重點是什麼？」像這樣被要求長話短說，也頗令人惱火。因為女人想要表達的是「自己感受到什麼」，至於「結果如何」則是次要的事。

明白了嗎？女性對話的目的與男性不同。

女人透過談論彼此的感受與產生共鳴，來打造群體的核心，同時相互確認彼此的感受是相似的，知道自己的感性沒有離群體太遠，這才會感到安心。就像把測量儀器校正歸零一樣。

人類這種物種，負責育兒的個體要身處在群體之中，比較能提高幼體存活機率，因此女性腦天生就被賦予這些本能。

換句話說，比起直接性的資訊傳達，女性講話主要是一種為了組織群體與取得感性平衡的活動而已。因此女性會自然地參與群體，發揮感性天賦，即使初次育兒也能安全執行。

除此之外，正因為平時就有共鳴（心理的連結），所以一旦發生任何事情，即使沒有事先決定好任務或規則，也可以充滿默契地採取組織化的行動。在不知道會發生什麼事情、不知道會有哪些人來處理事情的日常生活中，建構一個以同理為軸心、不可或缺的「心理共同體」，才是女人講話的首要目的。

反之，男人因為做不到這件事，所以連家庭也難以融入。因此，與孩子對話時，也不能忘記具備同理心的附和。「原來你的感覺是這樣啊……」就算最後以叱責作結，但只要不是發生令人啞口無言的壞事，我想，以同理的一句話開頭是與家人對話的禮節。至少女人與小孩都是自然而然做到這件事的。

男人一旦進入青春期，男性荷爾蒙的分泌增加，就會忘記這件事。急於尋求結論，而且喜歡競爭勝過於同理。開始無法忍受女人或小孩講話東拉西扯。但正如此處所說的，女人閒話家常有明確的效用。

沒錯，講話還有其他的效用。就像前面也提過的，女性腦也具備在事情發生時，一次聯想起過去數十年相關記憶的能力。今天閒話家常的內容，也有相當高的機率在幾年後派上用場。換句話說，女人沒有一分一秒在說「閒話」。

家庭或地區的群體是你最後一道堡壘。妻子一邊閒話家常，一邊為你守護這道防線。從今天起，就算你老婆跟拿傳閱板來的鄰居太太聊得天南地北，或是跟女性朋友煲電話粥，也希望你能用溫暖的視線為她打氣：「噢，妳正在為明天的家人努力啊。」

今日的人類，即使人生的競爭結束，依然有好長的日子要過。女人的閒話家常，或許在二十一世紀會愈來愈重要也不一定。

掌握夫婦腦，機智夫妻生活必備的熱戀攻略

如果沒有產生共鳴，女性的對話就不會結束。如果你每天聽她說話，卻還是被質疑：「你沒在聽我說話。」代表你的回應缺乏共鳴。但是當女人說：「我變胖了嗎？」，這時絕對不能老實回答：「嗯，妳變胖了。」

Vol. 12

尊重丈夫的效用

請記住，老公才是超級長男。
只要尊重丈夫，兒子的成績就會提升。

夫婦腦指南

按照家裡男性的年齡順序出菜，即丈夫↓長男↓次男的順序。

與其說這是為了丈夫，更像是為了兒子們做的演出。

尊重丈夫。

上一次說這種話，可能已經是數十年前的事了（搞不好還是結婚二十五年來的第一次）。

在一九七〇年代婦女解放運動後，日本曾瀰漫著一股氛圍，好像只要說出這種話就會遭到排斥。我在演講時稱呼丈夫為「主人」遭到糾正，也不是一次兩次的事了。由於女人不是男人的奴隸，因此稱呼主人聽說很奇怪。

我一開始還以為是來自男性的投訴（受不了自己明明就不受尊重，卻還被稱呼為「主人」，強加責任在他們身上）。一九八〇年代出社會的我們那個世代，就是身處在如此強調男女平等的社會氛圍中。我們必須深深感謝傳承這份權利給我們的女性前輩才行。

不過另一方面，明明男女腦的感性存在顯著差異，卻要大家相信我們全部一樣，這件事也帶來弊害。例如，女性上司「出於好意做的事情」煽動了男性部下的不悅感，導致被迫卸任的情形所在多有，另外也聽說很多母親對於男孩子的教養方式不知所措，容易情緒失控的孩子或青春期以後的男孩自律神經失調症也愈來愈多。

所以我必須在本書中好好地告訴大家一個超棒的法則，就是只要尊重丈夫，兒子的成績就會提升。

而且這對於沒有老公或孩子的職場女性來說，應該也會是一個有用的建議。

天生具有高度空間認知力的男性腦，對於距離或位置關係的掌握很敏感。在從前沒有地圖、標誌，也沒有GPS的時代，男人會到荒野去打獵，再回到自己的洞窟。他們的腦具有迅速掌握「視線範圍內的空間」的能力。比方說，他們一邊走路時，就會開始同步評估一公里外的松樹與杉樹的相對位置關係，從對側看過來又會呈現怎樣的畫面，像這樣，在大腦的圖像處理區中描繪大規模的俯視圖。

這樣的系譜脈脈相傳給了今日的男性腦。所以，他們才會擅長解讀複雜的圖面、組裝機械、建造高樓大廈，甚至讓飛機升空。在掌握離日常很遙遠的世界觀時，男人也會使用同樣的能力，因此他們通常愛好宇宙論或世界經濟。掌握龐大的組織，再靠思考去運作。女人當然也會這麼做，但並沒有像男人這麼直覺。所以，我更希望各位可以敬愛那些身處在男性優勢領域的女子。不過，這些「努力培養二元能力」的女性，大多具有另一種優勢，擅長將這種二元能力明文化並傳達給他人，不容小覷。

由於腦中的物理空間與概念空間的處理，幾乎是使用相同的機能部位，因此對事物位置關係很敏感的男性腦，也會非常在意人與人之間的位置關係。也就是說，他們很在意位階次序。畢竟是能夠在無意識之間迅速評估一公里外松杉位置關係的男性腦，不可能不在意誰在上、誰在下，這個資訊又該由誰傳達給誰。

反觀空間認知力低的女性腦，直覺上並不太在意位階次序，所以很容易做出像是「部長，我剛才在電梯那碰到社長，就把之前那件事向他稟報了，他說ＯＫ喔～」之類的事。當然，女性的出發點是想強調自己的功勞，男人也知道結果是沒問題的。

但姑且不論這樣的事實關係如何，男人對於這種無視上下次序行為的厭惡程度，遠超過我們女性的想像。他們並不是希望得到重視，而是對於秩序被破壞感到混亂而已。到頭來，我們就會落入「業績很好，客戶評價也很好，公司內部評價卻很差」的下場。

身處男性社會中的女性，最好把這件事銘記在心。越級傳遞資訊時，必須做好一定程度的心理準備與考量。當然，在僵固的大型組織中，有時也需要打破秩序，並沒有說一定不能這樣做，只是有時可能會引起軒然大波，所以還是希望各位多加注意。

對位階次序敏感，是男性腦與生俱來的反應，因此在男孩的教養上有一件必須注意的事，就是上菜的順序。

長男在弟弟或妹妹出生之前，任何事情都會得到母親的優先處理，但弟弟妹妹出生後，他卻成了第二順位。據說這對他們內心造成的傷害，比母親所想像的更嚴重，其中最不應該的事情，就是今天與明天的順序隨心情改變。對位階次序敏感的男孩會感到混亂，默默對日常生活感到不滿，失去內心的平靜。

母親可能會說：「你是哥哥，怎麼還跟小嬰兒計較呢。」但令他感到混亂的原因，在於母親對位階次序的忽視，而如果能夠多花一份心思，就有可能恢復長男內心的平靜，達到安撫作用。

「在男生兄弟之間，不可以搞錯出菜的順序。」是心理學家或教育學家也會說的話。維持長男↓次男的順序，將成為他們內心安定的基礎。小嬰兒肚子餓得哇哇大哭時，希望母親能多花點心思，先關心大兒子說：「你會餓嗎？」甚至可以先遞給他一片蘋果。

駕輕就熟之後，出菜自然會遵守長男↓次男的順序，即使到餐廳吃飯，弟弟搶著說：「我要漢堡排！」媽媽也能懂得溫柔地用眼神回應弟弟的要求，同時詢問：「哥哥呢？」唯有如此，哥哥才能夠忍受「因為你是哥哥，所以要多忍讓」。

如果欠缺這樣的思慮，卻一味叱責：「當哥哥的怎麼可以這樣！」對孩子來說是很殘忍的。畢竟連已經是大人的丈夫，都會因為被無視位階次序而感到受傷了，何況是孩子。我們不時會聽到有人怨嘆：「老公嫉妒小嬰兒（長子）。」但這並不是單純的嫉妒，也是一種對無視位階次序的不悅感，更令人意外的是，如果持續漠視的話，也有可能造成夫妻之間的代溝。

附帶一提，弟弟因為一開始就位在「第二順位的秩序」中，所以據說他們不會對於自己處在第二順位感到傷心（這一點似乎跟姊姊或妹妹，有時甚至連母親都希望自己是第一順位的女性腦不同）。弟弟甚至會尊敬凡事忍讓的哥哥。男性腦的「位置關係意識」很強，幼年時期建立的這種關係據說會延續一輩子，就算弟弟的社會地位更高也不會改變。

家有兄弟的父母在哀嘆「男孩子很難帶」之前，我想最好可以注意一下出菜的順序。這對於兄弟三不五時打架、突然暴怒、青春期的自律神經失調症等育兒問題，應該都有防患於未然的功效。

好了，那麼真正該讓他君臨家庭內秩序最高點的人，其實不是大兒子，而是丈夫。請記住，老公才是超級長男。

也就是說，要按照家裡男性的年齡順序出菜，即丈夫↓長男↓次男的順序。即使晚餐時間丈夫不在，也要在孩子們伸手夾取大盤子裡的菜之前，先鄭重地把菜夾到小盤子裡說：「這是爸爸的份。」這樣的思慮也是很重要的。

事實上，與其說這是為了丈夫，更像是為了兒子們做的演出。

在意位階次序的男性腦通常會很仔細地觀察，看看自己未來的立場會是什麼樣的狀態。向他們展現「未來」的美好，是提高男性腦動力很重要的因素，所以大企業的董事辦公室樓層才會如此豪華。

在家庭裡也是一樣的。如果努力讀了十幾年的書，拚命工作，「未來」卻會變得像父親那樣不被太太放在眼裡的處境，自然不可能產生勤學向上的動力。為了兒子的學習欲望，妻子最好盡量重視丈夫。

而且這件事也會提升丈夫的工作動力，因此可說是一石二鳥。根據一項問卷調查顯示，「男人失去為家人打拚動力的瞬間」第一名，就是「看到盤子裡留給自己的菜只剩下一點殘渣時」。

除此之外，如果以丈夫為第一優先，他也會表現出一家之主的風範與體貼。我家開始嚴格按照次序出菜的半年後，原本一直到去年為止，只要感冒就會一直說自己身體有多不舒服的老公，今年變得會主動關心家人：「我感冒了耶，你們身體還好嗎？」

「人很忠厚老實，但對家人有點不夠體貼」一直是我老公的缺點……如今多年煩惱一次解決。想必這就是很有即效性的「妻子的智慧」吧。

對了，只有女兒的家庭也一樣要尊重丈夫，否則女兒將來養育兒子就不會知道有那種作法。請大家要多注意喔。

掌握夫婦腦，機智夫妻生活必備的熱戀攻略

如果以丈夫為第一優先，他也會表現出一家之主的風範與體貼。

Vol. 13

沉默的決心

我想成為一站出來就能傳達出身分與決心的女性。

夫婦腦指南

或許只要有身為家庭主婦的決心，
家庭的樣貌就會改變也不一定。

我在大學主修物理學，畢業論文的主題是二〇〇八年由三位日本人獲得諾貝爾獎而引起話題的基本粒子。

讓我認識到最尖端科學的母校，是位於古都奈良的一所小型女子大學。校園正面佇立著復古可愛的西式洋館。準考生時期令我滿懷憧憬的那幢洋館，到我入學以後變得令人不耐，差點忘了那是肩負尖端研究的學術之地。直到畢業超過四分之一世紀以後的現在，不變的悠然風情甚至成為我心中的驕傲。

母校將在五月迎來一百週年。前身的奈良女子高等師範學校創校於一九〇九年五月一日，其後孕育出許多教育家與職業婦女。

得知母校即將一百週年的消息，我突然回想起自己在畢業典禮致詞上聽到的故事。

「從前的學生都很敬畏奈良女高師出身的老師，不過她們都是很和藹、懂幽默的老師，並不會對學生大呼小叫。敬畏的理由是二趾鞋襪。即使雨下得再大，奈良女高師出身的老師都會穿著純白的二趾鞋襪。據說女學生或其他老師看到二趾鞋襪，都會產生敬畏之心。想必是她們凜然的姿態傳達出許多言語無法表達的訊息吧。我想將畢業校友們展現出來的這份決心，趁這個機會傳達給今天將畢業的妳們。」

我的腦海中浮現溫柔女老師站在昏暗的雨天校舍入口的樣子。在姿勢高雅的和服裝扮下，腳上穿著的是白色二趾鞋襪。那個姿態傳達出來的就是「身為老師的決心」。不必大呼小叫要學生對老師敬禮，也不需要高聲主張權利，那份沉默的決心肯定會讓周圍自然而然產生不能輕視這個人的感覺。

在二十一世紀打拚的我們，雖然沒有二趾鞋襪，但那段話在我至今為止的人生中，多次閃過我的腦海。我想成為一站出來就能傳達出身分與決心的女性。我懷抱著這份心願，走過二十多年職業婦女的生涯。

男女雇用機會均等法（簡稱：雇用均等法）實施後，從這個國家的職業婦女身上消失的，恐怕就是這份決心。多年來再次為我引以為傲的母校熱血沸騰的那個晚上，這樣的念頭浮上我心。

我在第一線當工程師四處奔走時，一定會把客戶說的話筆記下來。因此，當我見到後輩女同事不針對客戶的話做筆記，並認為那只是客戶微不足道的例行要求，我會這樣告誡她們：「我作筆記是為了展現出聆聽客戶意見的決心，重點不在於有沒有必要這麼做。」

「而且，」我接著說道：「人在面對異己時，內心會感到不安。在男性主導的工程世界裡，我們女性就屬於異己的那類人，所以我們要盡可能消除對方的不安。」

「我工作表現明明很好，只因為我是女性才會吃虧。」如此抱怨之前，我們女性工程師有沒有表現出面對技術的決心？並且運用男性腦容易理解的方式？身為職業婦女，我的行動經常以此為準則。

我在雇用均等法實施的三年前就職，因此一開始遇到的性別歧視也不在少數。某一次我在說明自己開發的人工智慧系統時，甚至有人當場離席放話：「聽女人說這些邏輯，令人感覺很不舒服，我聽不下去了。」還有人向公司投訴：「派女人過來，把我們當傻子嗎？」人工智慧工程師不講邏輯，究竟要怎麼工作……？

如今回想起來，男性這樣相對單純地表現出「對女性的不快」，反而比較好。一來讓我在年輕時就切身體會到「要再多留意些什麼，才能順利在男性社會中存活」，二來也使我身為職業婦女的決心日益增強。

雇用均等法實施至今將近二十五年，現代的職業婦女享有「生育獎勵金百萬圓、育嬰假兩年」等豐厚待遇，卻還要求：「沒有幼兒園補助嗎？」、「小學生的補習費呢？」不免令我們這個世代的人啞口無言。但被賦予權利以後，對權利產生更多的貪欲，以人腦的機制來說是很自然的事。不需要決心的現代職業婦女，反而比較不幸也不一定。畢竟下定決心的人，內心會變得比較豁達，因此也會活得比較輕鬆。成天嚷嚷「不幫我做這個、不幫我做那個」，是相當疲憊的事。

好吧，我也有一件事情必須反省。身為家庭主婦，我覺得我一直以來好像都沒有表現出任何決心，所以才會對連一個盤子都不幫忙洗的丈夫感到生氣。不應該啊，不應該。

不應該之處，可能是我沒有穿傳統的長袖圍裙吧。最近有洗碗機，瓦斯爐也更優良了，所以不會弄髒衣服。就算髒了，洗衣機也會幫我洗乾淨，而且多虧量產化的關係，休閒服也很便宜。現代人連穿衣服都缺乏決心。比起穿著髒了也無所謂的運動服下廚的我，媽媽總是穿著整潔的長袖圍裙。感覺媽媽的那副姿態充滿威嚴。

下次放假，我打算去買件白色長袖圍裙。或許只要我有身為家庭主婦的決心，家庭的樣貌就會改變也不一定。……沒想到我才剛下定決心，老公就把碗洗好了，衣服也曬完了。莫非是我的決心起了什麼副作用嗎？那真是太好了（雖然這樣的心態不太好就是了）。

掌握夫婦腦，機智夫妻生活必備的熱戀攻略

不需要決心的現代職業婦女，反而比較不幸也不一定。畢竟下定決心的人，內心會變得比較豁達，因此也會活得比較輕鬆。成天嚷嚷「不幫我做這個、不幫我做那個」，是相當疲憊的事。

Vol. 14

夫妻最後的任務

男人完成社會責任以後，最後只能以妻子拜託的事情或感謝的笑容，作為自己幸福的依靠。

夫婦腦指南

夫妻最後的任務，
是否就是為彼此互相點亮「明日的希望」呢？

長期研究男女腦的差異下來，有件事情莫名讓我感到心安。

與女性腦相比，男性腦「想擁有好感覺」的快感欲望比較弱。男人會在充滿熱忱的上進心、或想完成擔負任務的責任感驅使下，走過漫長的人生旅途。如果兩種都缺乏的話，就會以性愛或賭博等衝動性欲望為驅動力。如果連這種欲望都沒有，就會成為隱士。仔細想想，擁有這種腦的人是多麼難受啊。

女性腦連接右腦（感覺區）與左腦（直接連結顯意識的區域）的胼胝體較粗，她們感覺到的事物比較容易浮上顯意識，因此打從懂事以來，女人就一直關注著「自己的心情」而活。因此，女性對自己感興趣、「想擁有好感覺」的欲望也很強烈。想要變得更漂亮、想吃更好吃的東西、想過得更幸福……由於有這種追求明日快樂的心情，女性才能夠堅強地活著。

即使是失戀傷心到想死的夜晚，肚子餓還是會想吃美食，一想到食物就會湧起活下去的力氣。然後一邊喃喃自語：「失戀而已，又不會死掉。」一邊大啖自己喜歡的食物，健康的女性腦就是這個樣子。

就算活到七老八十，失去所有社會角色，女人依然會為自己追求明天的快樂，「等櫻花開了就去賞花吧。」、「我想吃前幾天在電視上看到的炸豆沙包。」等等，不會失去生存欲望。換句話說，女人擁有「生存欲望的自主發電型大腦」。

對於追求自己的快樂與欲望較弱的男性腦，則很難把「追求明天的快樂」當作生存動力。他們年輕時總想要「爬得更高、更遠」，在好奇心與上進心的驅使下持續衝刺。進入壯年期以後，開始為了達成社會責任而繼續努力。有些人在退休以後，還是能在下一個欲望（想要住在鄉下耕田、想要為地方社會貢獻）的驅使下繼續前進。因為是這樣的運作模式，等他們真正退休回家以後，就很難自行產出生存的欲望。

對於從社會責任中解脫的男性腦來說，最不可或缺的，是否就是一個會依賴他的「有生存欲望的自主發電型大腦」呢？一個會對他們說「改天帶我去那裡」、「我們去吃那個吧」、「明天能不能幫我修雨水槽？」或「沒有你，就沒辦法清理垃圾」的人，也就是有點自我中心的老婆。熟齡丈夫一邊說著「真拿妳沒辦法」，一邊達成妻子交派的任務，並靠著這份成就感過著活力十足的生活（我的想像）。

我對熟齡妻子有兩個請求，一是希望大家千萬不要消除對老公的請求，再來請記得對他們說「謝謝」。丈夫隨著年歲的增長，力所能及的事情或許會愈來愈少。如果累積多年的怨懟，各位可能會說「你不幫我也無所謂啦（哼）」，但我還是希望大家能夠繼續拜託丈夫們做事。因為男人完成社會責任以後，最後只能以妻子拜託的事情或感謝的笑容，作為自己幸福的依靠。不善言辭的日本男人絕對不會親口承認這件事，但從腦的構造來說，這是唯一能推測出來的結論。

我自己是要求老公必須一輩子負責買手套給我，因為我的生日是初冬時節，為了「不會選禮物」的老公，我決定好品項讓他一輩子不用為了禮物而煩惱。

我告訴他，從今以後，負責幫我的手抵擋北風，就是你的任務了。因此我已經做好覺悟，只要老公哪天不再買給我，我就再也不戴手套。所以他必須長命百歲才行。

話雖如此，女性隨著年齡的衰老，也可能從談論「明天的好感覺」變成「今天的痛苦」或「沒有明天的悲哀」。有些「以妻子的希望」為生存動力的丈夫聽到妻子訴苦，會變得比妻子更沮喪，甚至可能殘忍地回嘴：「不要一直喊好痛、好痛！那又不是我的責任。」我知道這令人驚訝，但也想拜託各位熟齡丈夫一件事。這種時候，我希望你們可以展現同理心，安慰憂鬱的妻子：「很痛吧？我知道。」因為只要能夠得到你的體諒，妻子就可能再重新找回「明天的好心情」。

夫妻最後的任務，是否就是像這樣為彼此互相點亮「明日的希望」呢？

昨晚是我跟老公結婚二十四週年紀念日。在舉杯互道「直到明年的銀婚紀念日，還有未來的金婚紀念日之前，我們都要健健康康的喔」之後，我想到的是這樣的「最後的任務」。我想諸君也有可能認為我不知天高地厚，說這些太自以為是的話，但請看在我結婚紀念日的份上，不與小女子計較。

掌握夫婦腦，機智夫妻生活必備的熱戀攻略

對熟齡妻子的請求：①希望大家千萬不要消除對老公的請求。②請記得對他們說「謝謝」。熟齡丈夫會一邊說著「真拿妳沒辦法」，一邊達成妻子交派的任務，並靠著這份成就感過著活力十足的生活。

對熟齡丈夫的請求：希望你們可以展現同理心，安慰偶爾憂鬱的妻子。只要能夠得到你的體諒，妻子就可能再重新找回「明天的好心情」。

Vol. 15

母親這種生物

在充滿壓力的現代社會裡，能夠成為這樣的「大膽媽媽」，我認為真的是很幸福的事。

夫婦腦指南

表達理解之後，我總會堅決對兒子說：「雖然能夠理解你的心情，但那不是一個帥氣的男人該有的行為。」

十八年前兒子出生的那晚，我做了一個奇妙的夢，一個只有聲音的夢。

夢裡我聽見年約五十的兒子對我低語：「老媽雖然很令人頭疼，但給我的愛毫無保留。」感覺耳邊傳來溫熱的氣息震動，是非常真實的體驗。而且不知道為什麼，夢中的我確信那個經歷過人生風雨的成熟嗓音，就是我才剛呱呱墜地的兒子。

那個夢簡直就像聽到兒子對著五十年後連眼睛都睜不開的我（或許連心臟都停止跳動的我），提前透露一句未來的話語。如果那就是我的臨終之際，那一瞬間未免也太幸福了，我想。噢，只要朝著那裡前進就好，在一股深深的安全感包覆之下，我再次進入夢鄉。

成為母親的喜悅，是不是就在於獲得對人生的確信？明確知道我此刻存在的意義。女人，從成為母親的那一刻開始，死亡就變得恐怖且令人戰慄。可能是因為堅信在孩子長大成人之前，無論如何都必須陪伴在他身邊才行。不過於此同時，在孩子長大成人之後，死亡就變得一點也不可怕了。付出生命的使命感與超越生命的成就感，不知為何會同時襲來，那似乎就是「母親」這種生物。果然哪，還是有事情跟死亡一樣令人痛苦。

話說，那天晚上究竟是誰讓我看到「我的目的地」呢？我想多虧有那場夢，我的兒子才過得這麼輕鬆。因為我為了抵達那個地方（為了成為「雖然很令人頭疼，但給我的愛毫無保留的老媽」），下定決心任何時候都要肯定地接受兒子的心理狀態。

所以我從來沒有「不分青紅皂白罵人」的想法，不管是把手戳進離乳餐碗裡弄得一塌糊塗的一歲兒子、忘記寫作業的十歲兒子，還是在考試前一天晚上騎重機的十七歲兒子。每一次我都先從想像他的心理狀態開始，因此能夠同理他並說出：「我能理解你的心情。」本來我也不是會隨便動怒的人。但在表達理解之後，我總會堅決對他說：「雖然能夠理解你的心情，但那不是一個帥氣的男人該有的行為。」

這句台詞從一歲開始就沒有改變過。對於把離乳餐弄得一塌糊塗的小嬰兒，我也告訴他：「媽媽希望你成為一個帥氣的男人。把烏龍麵攪成那樣實在很難看。」對於如今成為高中生的他，我也告訴他：「連這種問題都不會的男人，一點也不帥氣。成績好壞不是重點，就算是答題錯誤，也有分帥氣的錯法跟不帥氣的錯法。」

每次聽到我說這種男人一點也不帥氣，兒子似乎就無法回嘴，只能垂頭喪氣地縮著壯碩的身軀回答：「您說的是。」

其實仔細想想，這是十分主觀的理由。如果問我：「為什麼？」我只能夠回答：「因為媽媽我這樣覺得。」不過兒子之所以不忤逆我，應該是因為他想要「為了媽媽，當一個帥氣的男人」吧。我覺得那樣的兒子很可愛。

母親這種生物有趣的地方是，對兒子愛意滿溢的同時，也能出於同樣的觀點，覺得世上其他男性很可愛。

與丈夫相處時，會感覺到婆婆灌注在他身上的心意，所以也會覺得必須更珍惜對方才行。在外面跟別人一起工作時，我也會有這樣的感覺，想要告訴那個人素未謀面的母親：「你的兒子成了社會的中流砥柱，請為他感到驕傲。」

連街上不良高中生褲子穿得鬆鬆垮垮的，我都想幫他們稍微把褲頭拉高一點，就像對我兒子那樣。雖然兒子警告我：「絕對不可以那樣做，不然妳會被揍扁喔。」但我還是覺得自己總有一天會忍不住出手。而且我也覺得如果真的那樣做的話，對方反而會害羞地笑出來並原諒我……可別小看歐巴桑的熊心豹子膽。

在充滿壓力的現代社會裡，能夠成為這樣的「大膽媽媽」，我認為真的是很幸福的事。聽說有愈來愈多年輕人即使生了小孩也無法愛他們，我想不妨把五十歲兒子或女兒的耳邊低語當作動力怎麼樣呢？但這麼簡單的事情是不是沒什麼幫助？

掌握夫婦腦，機智夫妻生活必備的熱戀攻略

為了成為「雖然很令人頭疼，但給我的愛毫無保留的爸媽」，下定決心任何時候都要肯定地接受孩子的心理狀態。不妨像這樣，把五十歲兒子或女兒的耳邊低語當作動力怎麼樣呢？

Vol. 16

男人成熟時

兒子不怕雷聲了。
我深深地感慨，並告訴他：「因為你長大了啊。」

夫婦腦指南

在男性荷爾蒙的作用下，男性天生敏感度就比較差。

前幾天的雷鳴大聲宣告著初夏的到來。那天雷雨交加，街燈照亮數千雨絲，不時像窗簾一樣隨風翻騰。閃電的銀色光束十分耀眼。

就在我隔著玻璃窗凝視之際，兒子說一起到外面看吧，於是兩人一起裹著棉毯走到陽台上。以往這種時候，都是我把手搭上他的肩，如今角色卻對調過來。倚在兒子的懷裡，莫名有種新鮮感。這時，我突然想起，是啊，我們已經好多年沒有一起看雷了。

也就是說，上次發生同樣的情形時，兒子還是小學生。我們手臂位置是相反的。雖然我覺得我家兒子好像沒有難搞的叛逆期，但也或許是他隱約與母親保持距離。

接著，我注意到一件有趣的事。兒子不怕雷聲。「閃電明明這麼亮，是因為太遠的關係嗎？總覺得聲音不怎麼震撼耶。」

我深深地感慨，並告訴他：「因為你長大了啊。」

不曉得雷聲在各位讀者耳裡聽起來，是什麼樣的呢？

在我耳裡，附近的雷鳴聲聽起來是「霹嚓轟隆轟隆咚嚓」。夾在這一串雷鳴中的「霹」或「嚓」聲，聽起來的聲量似乎隨年齡與性別有所不同。尤其是聽起來像用剃刀劃破薄麻布的「嚓」聲，會讓聽到的人不舒服到起雞皮疙瘩，這種高頻率且讓人想起皮膚顫慄感的聲音，聽在女人或小孩耳裡格外刺耳，但成年男性似乎聽不太到。即使是附近的雷鳴，成年男性聽來也只是「轟隆轟隆咚」，幾乎聽不到霹與嚓的樣子。

以前用粉筆較硬的部分去刮黑板，女生都會哀叫受不了，但中年男老師好像不太介意，男同學也似乎都還能忍受。至少他們用指甲刮黑板或毛玻璃逗弄女同學時，自己都沒事。就算是玩鬧，女生也做不到那種事。

理由是男女對那個高頻率「嘰」聲的敏感度不同。對於工廠用超音波清洗機或超音波裁切機的「唧——」聲，成年男性通常都說很安靜。也有很多中高年男性會笑說：「超音波應該聽不到吧。」但是且慢，超音波裁切機聽在年輕女生耳裡是很吵的，而且是令人渾身起雞皮疙瘩、無法靠近的程度。雖然年輕男生也聽得見高頻率的聲音，但那種「起雞皮疙瘩的皮膚感」之真實度似乎還是不太一樣。「聽是聽得見，感覺也不舒服，但還不至於到掩耳躲避的程度。」是年輕男生的感想。男女在聽聲音這種極為原始性的生理機能上，原來也有這麼大的差異。

順帶一提，對於冷熱的敏感度，也有男女之間的差異。有些男性會說，女性進入冷氣房就覺得冷，一關冷氣又抱怨很熱，實在很難伺候。然而，其實這是因為女性腦的敏感度較高，而不是難伺候。希望各位可以理解這一點。由於女人會懷孕生子，為了孕育後代，自己也必須生存，所以一定要對身體的變化很敏感才行。

以前我在電視上看過一位排球教練提出這樣的說法，當聽到球員說：「教練，我不行了。」如果是女子排球，還可以再練習一小時，不過若是男子排球，一定要叫救護車，否則就來不及了。

男性在男性荷爾蒙的作用下，天生敏感度就比較差，所以會奮戰到死為止。令人憂傷的是，他們一旦碰到自己覺得必要的任務，就會不顧寒暑，也不會說「肚子好餓喔～」或「好累，我不行了～」，只知道一個勁地向前衝，直到累得半死為止。

雷聲不再震撼。

兒子這句話所代表的意思是，他的腦被派上了「奮戰到死為止」的戰場。十八歲的夏天，不惜廢寢忘食與同伴在雨中奔跑的他，成了一個名符其實的大人。原本那個能體察母親細膩心思的溫柔少年，為了維繫人類生存而養成鈍感力，變身成邁向荒野的青年。雷聲之下，我感到胸口窒塞，一時半刻說不出話來。

男人啊，你們以前也是這樣放開媽媽的手，踏上漫長人生旅程的吧？然而我們卻說你們遲鈍，說你們是木頭人，真對不起。

掌握夫婦腦，機智夫妻生活必備的熱戀攻略

男人一旦碰到自己覺得必要的任務，就會不顧寒暑，只知道一個勁地向前衝。奮戰到底。原本那個能體察母親細膩心思的溫柔少年，為了維繫人類生存而養成鈍感力，變身成邁向荒野的青年。

Vol. 17

夫妻的記事本

「妳怎麼在化妝？要出門嗎？」
與平常不同的事態會折磨男性腦，
他們會感到女性腦所無法想像的不安。

夫婦腦指南

夫妻最好共同準備記事本。
這份覺悟會大幅改變日後生活的舒適度。

男性腦不擅長應付變化。

我認為女性應該對這件事情給予更多的理解才行。有非常多的太太覺得老公退休後待在家裡，讓她們很有壓力。實際上也有資料顯示，家庭主婦在丈夫退休的第三年，死亡率會顯著提高，可見壓力是確實存在的，而非無病呻吟。不過只要了解男性腦的運作方式，或許就能稍微紓解這種壓力。

怎麼說呢？據說妻子從丈夫開始待在家裡以後，感覺最有壓力的一件事就是出門時被問：「妳要去哪裡？幾點回來？我的午餐呢？」這只是男性腦對於無法預期的事態會感到不安，所以想要確認計畫而已。然而妻子卻會覺得出個門也要被質問，好像籠中鳥一樣無法喘息。

為了避免熟齡離婚，許多媒體都提醒丈夫們不要問這種問題，但那對男人來說是一件很殘酷的事。

對於「無法預期的事態」或「與平常不同的狀況」，男性腦該有多麼地不安啊……而且還是不安到很難受的程度。如果長期持續這樣的狀況，男性腦會崩潰。免疫力會下降，老化也會日益嚴重。一來很可憐，二來對妻子來說也很不幸，因為要提早展開照護生活。

因此，我想提出的建議是，夫妻可以共同準備記事本。然後每週固定一天在特定的時間開會。例如每週一早上十點召喚老公：「我們要開會了，請你來客廳。」在這個夫妻會議中告訴他：「這星期二我要跟朋友去美術館共用午餐，星期三去跳舞，星期四去市公所當朗讀志工，午餐你就自己隨便吃。這幾天我都預計在下午四點回家，晚餐會煮好吃的給你吃，所以你就好好期待吧（微笑）。」

只要這樣事先交代清楚，大部分的老公都會很安心，也不會戰戰兢兢地跟到玄關，扯著嗓子追著要出門的老婆問：「我的午餐呢？」就算偶爾出現這種狀況，也只需要拿出記事本跟他說：「你自己看，我是要照計畫去上舞蹈課啊，放心吧。」就算是不在計畫上的外出行程，也要先心平氣和地告訴他：「我今天突然有事要出門，午餐你隨便吃一吃吧，到家大概是下午四點了。」不要默默就開始準備出門。如果默不作聲地開始穿絲襪，男性腦會不安得難以忍受。

如果要讓對方掌握長期規畫，或許也可以在月初召開例月會議。假如太太這一邊不嫌麻煩，甚至可以在會議上報告經營概況（上個月有多場婚宴，交際費比例較高，但這個月沒有預計支出的交際花費等等），雖然沒有太大的意義，但丈夫應該會覺得鬆一口氣，因為數字能安撫男性腦。

這一點對年輕男孩也一樣。就連我讀高中的兒子，放假看到母親突然化起妝來，也會問說：「怎麼在化妝？妳要出門嗎？」與平常不同的事態會折磨男性腦，因為他們會感到女性腦所無法想像的不安。

我家在退休前並沒有共同準備記事本，但客廳有貼月曆，上面用紅色麥克筆大大地寫下我的行程，回家時間也清楚標示出來。不僅如此，週日晚餐後還會確認當週的行程，每天早上也會再確認當天的行程。

不過，有時即使都做到這種程度了，老公還是會問：「妳明天會去哪？幾點回來？」這時，我會盡量不表現出內心厭煩的情緒，回答他：

「就像月曆上寫的一樣，我要去名古屋出差喔。預計晚上七點到家，我會買炸蝦飯糰跟箕子麵回來，你放心吧。」

另一方面，女人面對與平常不同的狀況時，女性腦會動員腦中所有過去的知識，變換出臨機應變的智慧，所以她們常能冷靜應對狀況的變化。反之，如果把行程規畫得太詳細，反而很難找出「最佳化的應變」，並感到綁手綁腳。

我一向主張日報、週報、報告書會扼殺女性業務員。女性腦的真本事就在於臨機應變。女性可以憑著一早觀察到客戶的臉色或互動情形，來變更當天的計畫。憑感覺察知數字上無法表現出來的潛在資訊，然後當場微調目標。因此，讓女性用詳細的紙上數據資料去建立明天或下週的詳細計畫，在感性上是很難忍受的。話雖如此，職業女性都知道這是商業人士在組織中生存的義務，因此會努力堅持下去。

所以說，其實放手讓女性去發揮，才是激勵我們最好的方法。如果想讓女性團隊做出最佳表現，最合適的一句話就是：「照妳喜歡的方式去做，有事我負責。」而且若能從旁溫柔守護，保持不遠不近的距離，那就更完美了。因為太放任不管的話，我們可是會說「你都不了解我」的唷（微笑）。

不過男性則稍有不同，他們不像女性這麼討厭在日報或週報填入紙上數字。反之，男性腦受不了沒有確認過計畫與成果的業務。

這種男女差異在女性上司管理男性部下時更為嚴重。女性上司對男性部下的日報或週報不會給予太熱情的反應，因為預測數值這件事情本身就很空虛，所以也不會想要幫忙微調預測數值或對達成目標感到高興。

出乎意料的是，男性部下看到女性上司「大致瞄過一眼」報告書的那幕，會感到受傷。男人的工作動力就在於此，也有可能在女性上司不知道的情況下逐漸失去動力。而且他們不會站出來明講失去動力的原因。因此，還是希望女性能夠銘記在心。否則努力打拚的職場女性如果在這種地方被扯後腿，那未免也太哀傷了。

好了，這個會扯女性上司後腿的男女差異……同樣的道理也可以套用在退休後的家庭。

妻子想根據當天的天氣或心情決定做什麼，但丈夫一定要確認計畫與成果才會感到安心，因為這是退休之後兩人第一次共度一整天的時光，所以事情影響恐怕比女性上司升職時還要嚴重。

在丈夫習慣妻子的臨機應變之前，夫妻最好共同準備記事本。這份覺悟會大幅改變日後生活的舒適度。對於以往沒有確認行程習慣的家庭主婦來說，一開始或許會很麻煩，但希望各位不妨一試，就當作是抗老生活的一環，藉此活化沒用過的大腦迴路吧。

掌握夫婦腦，機智夫妻生活必備的熱戀攻略

為了避免熟齡離婚，建議夫妻可以共同準備記事本。然後每週固定一天在特定的時間開會。只要像這樣事先交代清楚，大部分的老公都會很安心，也不會戰戰兢兢地跟到玄關，扯著嗓子追著要出門的老婆問：「我的午餐呢？」

Vol. 18

為什麼女性會拒絕升遷？

只要有願意理解自己的人，
就算是再怎麼看不清未來的狀況，
女人也能夠努力奮鬥。

夫婦腦指南

女人並不是想要別人的稱讚，而是想要別人的理解。
只要把讚美的焦點稍微轉變一下就可以了。

拒絕升遷的女性愈來愈多。

聽說在部長以上的行政管理階層，也很常出現「被打聽升遷意願，就遞辭呈的情形。明明既優秀又充滿鬥志，應該會很高興升遷才對啊？男人往往無法隱藏他們的驚訝與困惑。

男女雇用機會均等法實施至今三十四年[1]，雇用均等法初期世代的人，現年約四十五到五十歲，如果一路順遂，正好是即將踏入行政管理階層的階段，而且現在這個時代的企業注重兼容並蓄（多元化與包容性），更樂於見到女性幹部的活躍。

不過可靠又優秀的女性員工通常不想升遷。

在二十幾歲的階段，女性員工可能比男性更有鬥志與實力。到了三十歲之後，變成男性員工比較可靠，再到四十歲以後，更是出現壓倒性的差距。也有不少男性經營層苦著臉抱怨，女性就算二十幾歲時很優秀，也不值得期待。

1　編注：此以筆者撰寫本文年分計算。日本的男女雇用機會均等法於一九八五年制定。

每每聽到這樣的意見，我都不禁感嘆：「唉呀，太可惜了。」二十幾歲優秀的大腦，不可能到了三十幾歲就不優秀了，只是周圍環境沒能讓她們維持鬥志罷了。本來在優秀的女性管理階層協助下，應該可以靠她們與生俱來那種面對無法預期事態時的韌性、豐富的想像力，與管理變通的能力，來彌補男性不足之處，使團隊如虎添翼才是。我不是為了女性感嘆，而是為了男性大嘆可惜。

女性腦連接右腦（感覺區）與左腦（直接連結顯意識、掌管思考的區域）的神經纖維束（也就是胼胝體）比較粗，這樣的女性腦喜歡「對照自己的心情，並充分認同與接受」。反觀左右腦連通不頻繁的男性腦，由於不擅長「對照自己的心情」，因此更重視客觀的指標。

所以，男人對於工作成果也傾向於用升遷或報酬等客觀指標來取得評價。由於他們很難用自己的心情去衡量狀況，因此只要取得客觀評價，男人就會安心地覺得：「我也做到這種程度了。」就算每次都聽到固定那幾句了無新意的讚美，還是會感到高興，這也是男性腦的特徵。

然而，女性腦並沒有這麼看重客觀評價，反倒是上司如果能夠看見自己辛苦突破困難的瞬間並口頭表揚，例如讚賞她：「妳當時很乾脆地低頭了呢，妳已經成為專業人士了。」這樣的上司回饋更能大幅影響她們的工作動力。因為女性腦只要聽到對方講到心坎裡，就會覺得自己本身好像也獲得認同。

反之，就算業績獲得第一而被稱讚：「妳業績很不錯喔！」感覺好像也沒什麼了不起。三番兩次聽到這樣的話，久了甚至會感到空虛，心想：「反正只要業績好，誰來做都無所謂吧？」

通常愈是優秀的女性員工，愈常被誇獎成果，因此內心深處更容易產生「沒有真正了解我這個人」的無盡絕望。「妳這麼優秀，務必要成為董事會成員。」她們在聽到的瞬間，心裡就會覺得：「我絕對不要扛下那個責任，我再也不想為了一個不是非我不可的位置拚得要死要活了。」

順帶一提，各位知道稱讚美麗的女性說：「妳真漂亮。」同樣也有反效果嗎？這會讓人產生一股空虛感，不禁認為：「哼，不過就是看臉吧。」也就是「你並沒有真正了解我這個人。」美女不見得幸福，就跟優秀的女性員工會拒絕升遷一樣，在腦科學上都是遵循同樣的法則。稱讚女性顯而易見的客觀成果或優點時，最好避免了無新意的恭維。

不過如果對象是太太，同時稱讚成果與過程也沒關係，因為日本男人實在太不愛稱讚妻子的成果了。「你炸的天婦羅真的很好吃。」像這樣評價成果之後，希望各位也務必慰勞妻子在過程的辛勞：「天氣這麼熱，妳炸得很辛苦吧？」

女人並不是想要別人的稱讚，而是想要別人的理解。

只要有願意理解自己的人，就算是再怎麼看不清未來的狀況，女人也能夠努力奮鬥。就算讓男人當上司，踩著自己向上爬，也會不辭勞苦。還請多理解職業女性的心意。

例如，當上司做的判斷好像不正確時，也有女性會展現高難度演技，故意搶先一步激怒客戶，讓上司意識到這件事。這時上司也不得不叱責她，其中或許也有上司真的認為都是她的錯，但只要有「心理上的一體感」，女性很少因為這種事情感到自尊心受創。即使持續做看不見未來的工作很多年，免疫力也不會下降。

不加以活用如此強韌的女性腦，簡直是企業的損失不是嗎？重點就是給予理解而已，只要把讚美的焦點從男性腦的角度稍微轉變一下就可以了。請各位務必一試。

掌握夫婦腦，機智夫妻生活必備的熱戀攻略

如果對象是太太，同時稱讚成果與過程也沒關係。評價成果之後，希望各位也務必慰勞妻子在過程的辛勞：「天氣這麼熱，妳炸天婦羅炸得很辛苦吧？」

Vol. 19

結婚二十八年的法則

過去曾經覺得溫柔又大方的老公，
如今變成了優柔寡斷又散漫；
曾經覺得很有男子氣概、很可靠的老公，
如今變成了少根筋的老大爺。

夫婦腦指南

夫妻必須彼此相伴三十五年，
才會懂得其中的真諦。

人的大腦有感性的七年週期。

正如前文也提到的，這種生理循環起因於中樞免疫器官的骨髓液每七年就會汰舊換新一次。

生物對外界刺激沒有反應是一件很危險的事，但如果刺激持續很久卻遲遲無法適應，也是一件很危險的事。因此，大腦對於某種程度上的刺激，一開始會有所反應，接著逐漸減緩，最後變成完全習慣（厭倦）的狀態。

例如剛從鄉下搬到都市生活，入住幹道旁的公寓，一開始會被車聲吵得睡不著。如果這種狀態一直持續下去，生物長時間接收強烈的外在刺激，對其他刺激的防禦會逐漸變得薄弱。不過人類的大腦設計精良，久而久之就不會在意車聲了。幾年過後，人們自然會完全適應都市生活，反而是回去鄉下時，有可能被蛙鳴聲吵得無法入睡。

這種「過了幾年就會完全逆轉」的現象，其實並非各有不確定的年限，而是趨近骨髓液汰舊換新的七年週期。

當然，與死亡有關的刺激，不管過了幾年都不會習慣，對於生存必不可缺的刺激也不會感到厭倦。孩子對於每天做飯給自己吃的母親，不會因為過了七年就感到厭倦。但是出生第七年開始上小學，拓展生活的世界；第十四年踏入青春以後迎來叛逆期（在那前一年轉換到中學教育，即培養社會性的階段，準備應付大腦的變化）；第二十一年獲得投票權，正式被承認為「成人」。大腦依循著七年週期逐漸蛻變，似乎也是獲得社會承認的事實。

附帶一提，七七四十九歲是男性猝死與自殺的高峰，也是男女進入更年期的入口。在這個汰舊換新的一年，請務必珍惜保重。就算對人生絕望，那也只是大腦一時厭倦而已。只要撐過這段日子，又會再次產生生存的自信與好奇心。

大腦看上去像是對現實做出反應，實際上是非常強烈遵循內心的感性。事實上，不是因為現實很殘酷才感到絕望，而是因為大腦本身對至今為止的人生感到厭倦，所以才會刻意去找出「應該感到絕望的現實」。

所以，年屆五十找不到「應該感到絕望的現實」的太太，才會說：「孩子都各自獨立，老公也忙著工作，不聽人家說話，真是空虛。」這也是一種「自體中毒」吧。雖然我這樣寫，但絕無輕視大腦這種空虛感之意。因為大腦這種無法轉嫁責任到外面的痛苦，真的很折磨，簡直跟現實的苦難沒有兩樣。正因如此，我才希望各位能夠了解，這是一種自體中毒。但願各位能夠像那樣聰明地撐過去。時間是最大的解藥。

好的，我們的大腦就是像這樣，每經過七年週期就會徹底改頭換面，所以新婚的心情也不會持續到永遠。世上再怎麼相愛的夫妻，當然總會迎來倦怠期的一天。

原本愛得你儂我儂的兩人，生活在一起久了，開始盡可能閃避對方的目光，在腦科學上也是理所當然的結果，夫妻的真諦就在於後續的關係建立上。

每對夫妻「新婚的起點」都不盡相同，因此夫妻開始互相閃避目光的週期也各有不同。不過如果是流行事物，社會上會發生的一種現象是，由於大眾全在同一時期接觸到相同的事物，因此所有人也會集體在同一時期開始對相同傾向的事物感到厭倦。

各大車廠紛紛推出「色彩繽紛的圓形車」是在二〇〇二年前後。當年新款 March 問世，眾多車商也進入小型房車的成長爆發期。這股風潮甚至吹到鎖定男性客群的車款，包括豐田 bB、大發 Tanto、本田 Zest、三菱 i 等等，圓潤可愛風瀰漫整個市場。

七年後，到了二〇〇九年，刻意強調「方形」的汽車廣告登場了。包括高唱「嘿！四角」的豐田 Rumion、「方方正正的四角 MOVE」的大發 MOVE Conte 都是一例。日產 Cube 也特別強調四方形的設計。除此之外，Rumion 到了二〇一〇年更進一步推動「方形」策略，不僅把廣告台詞改成「嘿！Rumion，四角系！」更把人氣小小店長的臉用ＣＧ變成立方體等等。二〇〇九年掀起話題熱議的油電混合車（Insight、新款 Prius）

都有銳利的車頭。

二〇〇九年前後開始的「四角、直線」在各種現象上的回歸，我們研究所早已預告在先，即使如此，這些案例的出現還是不禁令人感到興奮。二〇一〇年一月開始播放的電視劇有《女人不妥協》與《率直男人》，這也讓人不禁莞爾。

只要像這樣運用七年週期的定律，預測未來的流行趨勢也不是不可能的事。

好了，那麼話雖如此，汽車的設計還是偏向「圓潤、可愛」。與之前的 Skyline 或 Celica 比起來，Rumion、Cube 或 MOVE 仍然屬於圓潤可愛的類型。

事實上，每經過七年×四＝二十八年這麼長的週期，人的感性就會走向另一個極端。從開始對「圓潤可愛」車款感到厭倦，直到說出「四角、銳利」的行銷口號經過七年，然後等到街上的車真的大致替換成「銳利」

型車款，已經耗費二十一年的時間。

從現在回推到二十八年前，大概是一九八〇年前後。請各位回憶一下，當時汽車是由銳利的直線所構成的箱型 Skyline 或 Celica 的年代。流行時尚也爭相融入銳利的元素，例如縫入肩墊的中性外套、窄管褲、剪齊燙直的髮型等等。

在那個時代，據說偏辣口味的餅乾、超級薄荷口香糖或糖果，大受歡迎。不僅是眼睛看得見或摸得著的東西，吃進嘴裡的食物也偏好刺激的味道。由於大腦的感性區直接連結到五感，因此像這樣把世上流行的事物串在一起，就能看到明確的共通點，很有意思。

當年那些偏好辣味的女孩子，說話的方式也很辛辣。對於結婚對象提出三高（高學歷、高身高、高收入）條件，把男人玩弄於股掌之間的，也是「追求銳利的時代」的齊髮、服裝穿搭強調身材曲線的女子。

然後到了二十八年後的今天，汽車造型變得圓潤，女孩也把頭髮燙捲，搭配荷葉邊或蝴蝶結，喜歡像內衣一樣柔美閃亮的造型。零食來到甜的時代，便利商店甜點或百貨公司地下街甜點的新品，如今也成為每季必聊的話題。女孩子說話的方式也變得比較委婉，好像還有三低（低風險、低束縛、低姿態）的說法。

然而，這種甜膩的時代也已經過了巔峰期，差不多是剛直的風氣該回來的時候了。從四四方方的汽車、電視劇《女人不妥協》那一陣子開始，已出現些許預兆。我們正朝著超銳利的時代展開長達二十八年的旅程。

二十八年是大腦感性的關鍵字。當然，對於夫妻關係也不是毫無關聯。

事實上，結婚第二十八年是夫妻最危險的時候。因為克服七年之癢，踏上漫長夫妻旅程的兩人，會在第二十八年陷入與新婚時期完全相反的感性狀態。

過去曾經覺得溫柔又大方的老公，如今變成了優柔寡斷又散漫；曾經覺得很有男子氣概、很可靠的老公，如今變成了少根筋的老大爺。雖然丈夫的確也有所改變，但妻子女性腦的感性變得更多。

當然，丈夫在結婚第二十八年也會陷入完全相反的感性狀態，但男性腦本來就不是在感性驅使下才決定結婚的，因此似乎不至於變成「煩死了，討厭得受不了！」的程度。

如果在三十歲結婚，結婚第二十八年就是五十八歲。「熟齡離婚」這個流行語，就是戰後嬰兒潮這個世代結婚的第二十八年前後開始流行起來。拚了老命換來高度成長期的丈夫，在此時被妻子拋棄。一想到那是大腦的生理反應作用，總覺得有點哀傷。

而且大腦的感性振幅，如果增幅愈強，減幅也會愈強，因此過去愈是愛得無法自拔的夫妻，愈容易在第二十八年出現激烈的抗拒反應。

「老公只是走進廚房，就讓我感到煩躁。」這種妻子的自覺意識，會從結婚第二十一年開始逐漸顯化。在我家，則是結婚第二十二年夏天察覺到的。

當時我在剛打掃完的客廳悠閒看報紙，老公突然走進客廳。然後他打開冰箱看了看。當然，這是他的家，也是他用工作獎金買的冰箱，他有權利愛開就開。……他當然有開冰箱的權利，但是那天我實在受不了老公的那個舉動。我問他：「怎樣？」老公說：「我口渴了。」我回他：「喔，這樣啊。」語氣似乎有點冷淡。「妳在不高興什麼嗎？」他接著問。

我沒有回答，只建議他：「要不要在你房間放一台小冰箱？」老公問：「為什麼？」我就回答：「因為這樣你就不用走來這裡了。」當下我察覺自己實在太過冷淡，便深深地自我反省。所幸教養很好的老公只是平靜回答：「走過來客廳而已，不麻煩啊。」安全下莊。

這時兒子也來了。循著跟父親一模一樣的動線，然後同樣打開冰箱門看了一會兒。

「怎麼了？」我問。「我口渴了。」兒子說道。講的話跟老公一模一樣。不過，從我口中說出來的回答卻截然不同，「要不要幫你沖杯冰紅茶？西瓜也冰好了喔。」

就讀高中的兒子一臉漠然，「不用了，我喝麥茶就好。」說完便自己倒進玻璃杯裡，轉身離去。

「這樣啊。」我有點失望地轉頭一看，才發現老公還在那裡。「怎樣？」我問。「妳要沖冰紅茶，對吧？」

蛤？幫你沖杯茶？

我心裡雖然是這麼想，但我當然沒有脫口而出。我一邊悉心幫老公沖泡紅茶一邊告訴自己，未來幾年都要用心對待他才行。但就算是這樣，肯定也只有對兒子用心的八成而已。

難熬的二十八年，一定要好好熬過去啊，畢竟我寫了這種書嘛。「《配偶使用說明書》的作者黑川伊保子嘴上講得頭頭是道，自己卻離婚了。」至少得避免這種窘況。

好了，如果有哪個妻子不曉得夫妻第二十八年的法則，卻碰到這種煩躁的情況，大多會認為是對方的錯。如果丈夫又說了什麼少根筋的話，來應證這樣的想法，妻子就會突然覺得自己是受害者，有種很可憐的感覺。

大約從結婚第二十六年開始，這樣的情形會顯著發生。

請各位做老公的人，盡量努力在第二十五年的銀婚紀念日多賺取一些分數吧。還有啊，請夫妻一起閱讀這本書。也務必介紹給朋友、親戚、熟人（得寸進尺）。

我也想勸告身為妻子的人，從腦科學來說，過了結婚第三十年之後，平時看不順眼的丈夫，應該會逐漸恢復從前那般可愛。到了結婚第三十五年，甚至會體驗到從來沒有過的一體感才是。原本總說「旅行最好跟女生朋友一起」的妻子，大約也是在這個時候開始改口：「果然還是夫妻一起旅行最自在。」

在腦科學上，夫妻必須彼此相伴三十五年，才會懂得其中的真諦。只要不是過度違反人性的行為，在結婚第二十八年因為厭惡感而離婚，或許是件很可惜的事。如果哪天覺得這個傢伙真是「氣死人了」，不妨想著「這也是過去曾經愛得轟轟烈烈的證據」，睜一隻眼閉一隻眼如何呢？

掌握夫婦腦，機智夫妻生活必備的熱戀攻略

請各位做老公的人，盡量努力在第二十五年的銀婚紀念日多賺取一些分數吧。同時，也想勸告身為妻子的人，從腦科學來說，過了結婚第三十年之後，平時看不順眼的丈夫，應該會逐漸恢復從前那般可愛。還有啊，請夫妻一起閱讀這本書。

Vol. 20

一家之主的碗

維持自尊心的方法，
似乎會成為我接下來一段時間的主題。

夫婦腦指南

「一家之主的碗」——說不定在那種地方，
也存在著男人自尊心的關鍵。

前幾天我在看電視劇，突然想到一個遺忘很久的詞彙，就是自尊心。那部電視劇是日本電視台的《草食系高校武士》，主角是一個高中三年級的男生。他沒有什麼特別想做的事，也沒什麼特別擅長的科目，就是個「考到哪讀哪」的人。身體非常健康，家庭也沒有崩壞。他的人生沒有特別要給誰好看，也沒有遭遇困境，因此一直以來都沒什麼長進。有一天，他的戰國武士祖先附身在他身上（而且在本人還維持著自我意識的情況下，三不五時被奪走主控權），就此展開一段荒誕無稽的故事。

前幾天那集的劇情是，他青梅竹馬的女同學在網路上被誹謗中傷，網站上吵得沸沸揚揚，已到了無法收拾的程度。

這個女生想要成為歌手，因此趁晚上偷偷在街頭演唱自己的歌，磨練自己的技巧。路過觀賞的行人把她唱歌的樣子上傳到網路上，網友紛紛留下「好可愛」、「歌還不錯啊」等善意的評語，其中卻因為一些小小的原因開始出現誹謗中傷的留言。有人留言想要制止，卻被瘋狂咒罵「去死」。

明明是自己主動關注人家，等到關注度提高後又轉為嫉妒，想要把人家罵得體無完膚，不假思索地使用「死」這個字。網路上這類事件，如今也是現實中常有的事。受害的女孩認為大吵大鬧實在很難看，因此假裝若無其事。這也是現代高中生大部分會有的反應。

不過附身在主角身上的戰國武將看到畫面上滿滿「去死」的字眼，氣得怒火中燒。「能叫我去死的只有主公大人，這個不敢具名的懦夫竟敢口出狂言！」主角被他的怒火感化以後，對死鴨子嘴硬說「我無所謂」的女生這樣說道：「我覺得，妳不能因為那樣做比較輕鬆，就試圖忍耐過去。……我也說不清楚，總之就是覺得不行。」

女孩的內心深受感動，因此毅然決然向周圍的人宣告：「我非常受傷。雖然只有一部分的人那樣寫，但我總會心想是不是所有人都是那樣想，變得無法相信任何人，我真的受傷了，所以我希望你們適可而止。」

她順著那股心情發誓，無論是考試或是成為歌手的夢，她都不會放棄。

「啊，自尊心哪。」我開口說道。電視劇的登場人物中，雖然沒有一個人使用這個字眼。不過其中描繪的，就是自尊心的萌芽。

日本這個國家一直有個觀念，那就是大家認為「即使要對自己的心情說點謊，也要讓周圍的事情圓滿解決才是大人」。這當然也是一種美德，不過一旦養成對自己心情說謊的習慣，就會逐漸失去某種東西。我想那是否就是自尊心呢？

為了夢想小心翼翼地踏出第一步。如果在那被玷汙的情況下忍氣吞聲，她最後肯定會放棄那個夢想。不過女孩選擇說出自己的憤怒，從此告別這個惡意的深淵。「為夢想忍氣吞聲」的事實成了過去式，應該也不會再有什麼事玷汙她的夢想了。她守住了自己的夢想。

即使如此，自尊心又是從哪來的呢？

就在我思索這個問題時，把頭枕在我膝上瀏覽機車雜誌的兒子開口了。「這部重機，妳不覺得很像嗎？但這是大改款的喔。」

他說，川崎的名機 Z1000 每年都會大改款。時代的「正解」並不是每年變換的東西，而是像那樣與去年款式相似的東西。既然如此，為了不讓技師的士氣下降，有些東西本來可以只做局部變換，卻也一律都會大改款。不覺得這樣很棒嗎？所以他的下一部重機想買川崎。

下一部重機？在那之前，你還有其他事情要做吧？（兒子高三，現在正是面臨關鍵時刻的準考生）話才到嘴邊，我又收了回來。因為我腦中再度浮現自尊心這個關鍵字。

乍看之下無謂的舉動，藏有培養自尊心的關鍵嗎？即使把怒氣說出口，世界還是不會改變，所以把事情圓滿解決之後就放棄了。再多說一些吧，從商業模式來看，薄利才能多銷，所以選擇在國外大量生產。在那樣的合理性中，日本這個國家是否也正逐漸失去自尊心呢？

此時，我腦中突然想到娘家爸爸的碗。爸爸的碗跟其他家人的有一線之隔，是又大又昂貴的「一家之主的碗」。我家並沒有準備一家之主的碗，因為不好放進洗碗機裡。但說不定在那種地方，也存在著男人自尊心的關鍵。

下次放假去買兩個一家之主的碗回來好了。一個當然是給老公的，另一個給再過不久即將展開獨居生活的兒子。即使只有一個人，你仍是自己生活的「主人」。如果聽了這番話，帶著獨具風格的碗一起離開家裡，相信他也無法過著太散漫的生活。

維持自尊心的方法，似乎會成為我接下來一段時間的主題。

掌握夫婦腦，機智夫妻生活必備的熱戀攻略

一旦養成對自己心情說謊的習慣，就會逐漸失去某種東西。

那是否就是自尊心呢？

Vol. 21

英雄的時代

褪去時代的黏膩，
成為一名昂首挺立的英雄吧。

夫婦腦指南

如果用二十八年的單位檢視社會，
就會看見大眾的感性趨勢。

人的大腦有感性的七年週期，並且會在那四倍的二十八年之間，邁向完全相反的感性。如果用二十八年的單位檢視社會，就會看見大眾的感性趨勢，非常有趣。這件事前面也寫過了，此處我想再稍微深入探討一下。

社會大眾有一種交替輪迴的習性，會對某種感性維持二十八年的興趣，然後再對完全相反的感性維持二十八年的興趣。

正如前文所述，大眾曾經偏好銳利的事物二十八年，也曾偏好圓潤的事物二十八年。

現在正好是圓潤甜蜜時代的尾聲，世上的女孩說話不像八〇年代女郎那樣尖銳。不同於經常把「三高」、「別妨礙我」、「無法原諒」這些話掛在嘴邊的八〇年代，如今充斥著「我會守護你」、「沒問題」、「不要在意」等體貼的表達方式。年輕人也最怕被別人說「不會察言觀色」。

不過各位男性啊，千萬不能在這個「女人很甜美的時代」掉以輕心，因為愈想要相信別人，遭到背叛時的恨意也愈深。這可不僅限於女性腦而已，這幾年來成為首相的那些人都曾經備受期待，然而，這些官員換了位置就彷彿換了腦袋。社會上年輕人接二連三以無差別殺人的方式，排解積悶已久的憤恨，一般的人際關係恐怕也相當複雜糾纏。倒是一直強調「男人必須有三高」的女生，放著不管也不會有事，因此說不定遠比你們輕鬆多了。

好了，那麼這個甜蜜黏膩的時代，也差不多要由盛轉衰了。對甜膩的人際關係感到厭煩的大眾們，將逐漸取回原本性格上的銳利感。我把未來這段取回銳利感的十四年，命名為「自尊心的時代」，因為我發現支撐人格銳利度（剛直、率直）的，一向都是自尊心。

在年輕人害怕被別人說不會察言觀色，不得不迎合周圍的現在，能夠秉持自己的信念並堅持貫徹的年輕人，將吸引大眾的目光。

曾在溫哥華奧運上，成為女子滑冰史上第一個成功完成兩個三周半跳的淺田真央，在受訪時被問道：「全世界都在說，高難度跳躍的評價太低了。」當時她回答：「或許是這樣沒錯吧，但我還有其他可以做的事。今後我要專注的，就只是一一達成那些事情而已。」

那份堅毅與強烈的自尊心，打動了許多職場女性。普遍而言，三十歲以上的職業婦女不太會支持十幾歲的少女，這群婦女中竟然很難得地出現許多淺田真央的粉絲。（職業婦女並不是嫉妒少女的年輕，而是女性腦尊重的是經驗值，因此她們不太會崇拜年輕女子。）

二〇〇九年，繼美國名人賽之後，又出席英國公開賽的職業高爾夫球選手石川遼被問道：「如果你再見到老虎伍茲，會怎麼跟他打招呼呢？」他回答：「說不定他已經忘記我了，所以我會再次跟他自我介紹。」這種爽朗的態度也很不錯。

不害羞、不膽怯、說話率直的年輕人的確愈來愈多了，旁人對他們的好感度也日益提升。

不久之後，即將進入每個人開始察覺自己的自尊心，並學會尊重他人自尊心的時代。社會大眾會開始希望替那些「比誰都努力的聰明人」加油打氣，年輕人會崇拜特別的英雄，取回銳利的作風。時代正吹起這樣的風潮。

事實上，不僅是對人物如此，能夠讓人感覺到開發者精神的商品，也開始受到大家注目。對於投注大量心血的「世界第一」或「世界最初」，大家逐漸願意支付相應的價格。從今以後，市場上應該會冒出許多標榜「世界最〇〇」的商品。群眾對商品的態度也將逐漸改觀，由推崇「藐視創作者自尊心的廉價商品」或「無視本質的過度裝飾（例如在世界最薄的手機上裝一堆吊飾）」的時代，開始邁向「感受創作者精神，並願意支付相應價格」的社會，逐漸回到健全的創作土壤。

上一個「自尊心的時代」是一九五七年到一九七〇年，後面七年與昭和的伊奘諾景氣[1]剛好重疊。入口的一九五八年是東京鐵塔完工那一年，中間一九六四年則舉辦了東京奧運。

順帶一提，這次的週期是二〇一三年到二〇二六年。奇妙的是，入口剛好是號稱新東京鐵塔的天空樹預計完工的時期。剛好在這個人心重新開始嚮往「世界第一」的時期，直上雲霄的天空樹遠遠超過元祖東京鐵塔，完工時將成為世界第一高的電波塔。對了，二〇二〇年的東京奧運如果真的實現了，就跟伊奘諾景氣當時的過程一模一樣了，不知道會不會重演歷史呢？

好了，上一個循環前的「自尊心時代」是在一九五七年揭開序幕。在那前一年，一位在日後被稱為「日本人最愛的男人」的大明星出道了，那個人就是石原裕次郎。

在時代交替之際瀟灑登場，擄獲人心的他，屢屢締造新的傳奇，在演藝圈紅了二十八年。那部《向太陽怒吼！》從一九七二年播放到一九八六年，總共竟然播放了七百一十八集。

石原裕次郎剛好在出道第二十八年從電視上消失，退隱三年後逝世。

1 伊奘諾景氣，指日本經濟史上自一九六五年到一九七〇年，連續五年的經濟增長時期。

他過世的一九八七年正好是日本趨勢劇的全盛時期。那時通常流行的電視劇是登場人物超級愛自己，高調炫耀被名牌包圍的時尚生活方式。那個全體大眾追逐享樂的時代，吹起與裕次郎全盛時期完全相反的風潮。感覺樸素、直率是很遜的事，華麗、靈活才是最酷的事。

瀟灑走過崇尚直率的「自尊心時代」，石原裕次郎彷彿在宣告那個時代的結束，耗盡了氣力。毫無疑問的是，他肯定是被時代選出來的英雄。

一九五七年，也是棒球界永遠的英雄長嶋茂雄加入巨人隊的那一年。再往前五十六年，是《坂上之雲》所描寫的秋山真之晉任海軍少校的那一年。同一時期，年輕的可可．香奈兒（Gabrielle Bonheur Chanel）是法國遠近馳名的帽子設計師。

看來這個流年呈現的是傳奇人才浮出水面的機運。

「自尊心時代」揭開序幕的前後幾年，或許可以狹義地稱作「傳奇創生期」或「英雄的時代」吧。

附帶一提，剛好比長嶋茂雄小五十六歲的人有石川遼與菊池雄星。樂天隊的田中將大投手與淺田真央也可以視為同一世代的人。

傳奇創生期，被時代選中的是一群不在意別人的眼光、昂首挺立的英雄。

他們不可能把自己當作受害者。長嶋茂雄或石原裕次郎抱怨「好過分，我都這麼努力了」的樣子，簡直是無法想像。他們也不會把發生在自己一個人身上的不幸，認為像是天塌下來一般，就像《在世界中心呼喊愛情》這類作品。二〇一三年，被時代選出來的，只有能夠默默接受被賦予的使命，並散發出堅毅光芒的人。只要做得到這一點，即使不是體育界或演藝圈的明星，也能在各個角落創造傳奇。

而且，創造傳奇似乎與年齡或性別都無關。香奈兒在兩個循環前的傳奇創生期（一百一十二年前）闖進社交圈，最後創造出風靡世界的香奈兒品牌，後來雖然一度引退，但又在前一次的傳奇創生期（五十六年前）再度復出，當時的香奈兒已經七十二歲了。日後，一九五五年發表的香奈兒經典套裝，成為職業女性心中的夢幻逸品，如今也依然燦爛奪目。

這一回，她因為電影與書籍再次成為全世界關注的焦點。在二〇〇九年到二〇一〇年之間，總共有三部描寫香奈兒人生的電影上映。到了這個程度，傳奇巨星還在不在世上似乎也沒關係了。這麼說來，一九五七年就任革命軍司令的切・格瓦拉（Che Guevara），最近也有兩部描述他的電影上映。石原裕次郎的部分，民眾則是在大型佛寺舉辦大規模的法會紀念這位時代巨星。二〇〇九年底，描寫秋山兄弟兩位英雄的《坂上之雲》終於也改拍成電視劇了。時代完全吹起歌頌英雄的風潮，甚至連逝世的英雄也重新成為鎂光燈的焦點。

來吧各位，五十六年一度締造傳奇的機會來了。

請盡快褪去時代的黏膩，成為一名昂首挺立的英雄吧。我感覺現在已經不是討論什麼心機服或男女腦的時候了（雖然我沒立場這麼說）。

掌握夫婦腦，機智夫妻生活必備的熱戀攻略

能夠秉持自己的信念並堅持貫徹的人，將吸引大眾的目光。

編注：本文撰於二〇一〇年，內文提及的年份以二〇一〇年起算。

Vol. 22

大腦的人生學

我打算順應自己的大腦，
悠然自得地品味人生。

夫婦腦指南

即使順從內心的想法，也不會走錯路。
到達人生達人的層次，應該會愈來愈有意思才是。

各位知道人生最聰明的階段是什麼時候嗎？

其實是五十五歲以後。若從大腦的狀態來看，人生的巔峰來得意外地晚。

五十五歲，大腦會讓人的聯想記憶力發揮到極致。這是一種透視事物本質或人的資質之能力。

論語中有提到，孔子反省自己的人生後說：「五十而知天命。」這就是聯想記憶力發揮到極致時，大腦主人將體會到的實際感受。

五十五歲的大腦，簡單來說，就是「如果世界上有十條路的選擇，只看得見兩種選擇」的大腦。不過那兩種結果對大腦來說，是最必要、最優秀的兩種。因為看不到多餘的部分，所以不會迷惘：事物的本質看起來很有意思，也很清楚自己的資質，明白自己為什麼在這裡。大腦要真正達到這種狀態，必須等到五十五歲以後才行，連孔子也不例外，人生是急不來的。

此外，這種能力似乎也有助於提升戰略力。聽說日本將棋棋士的米長名人說過：「我在二十幾歲的時候，可以預測未來幾十步、幾百步棋。到了五十幾歲時，雖然沒辦法這麼做了，卻不知為何比二十幾歲時還強。」在第一時間看穿本質，應該就是戰略的核心吧。從這層意義上來說，掌握事業戰略的真髓，肯定也是五十五歲以後的事了。嗯，或許就是因為看不見那個，三十幾歲的人才總是滔滔不絕地討論美式經濟學吧。

順帶一提，從腦生理學上來說，這個年紀可能會開始出現輕微的梗塞，此時或許會因為ＭＲＩ影像看起來有點老化而感到不安。不過，一旦具備「只看得見本質的那兩成」的透徹，即使有這種輕微的梗塞，年老的大腦也能派上用場。從腦功能論的立場來說，年紀的增長一點也不需要害怕，只需要知道現在跟年輕時不一樣就好了。「要網羅到十成十的利益」這種事，交給年輕人即可。

那麼在那之前，人的大腦究竟帶有什麼樣的使命呢？

腦的記憶力分成單純記憶與聯想記憶兩種。一般提到記憶力，指的都是單純記憶。這種單純記憶力最發達的時期，是十五歲到二十幾歲的尾聲。由於這種迅速吸收大量資訊並長期保存的能力，也就是單純記憶力，使人看起來好像頭腦清楚，因此似乎有很多人以為人生智力的高峰是二十幾歲，但現在下定論還言之過早。

附帶一提，幼年期也可以把大腦當作「優秀的單純記憶腦」使用，但那不是幼年期的大腦使命。萬一勉強這麼做，有很多人會變成小時了了，大未必佳，因此請多加注意。

單純記憶力，不只是吸收知識而已，也是一種汲取各種經驗進入腦海的功能。除此之外，由於生殖荷爾蒙也磨練著動物本身的直覺力，因此人們「從許多經驗中掌握訣竅的能力」會發揮到極致。也就是說，從十五歲到接近三十歲的大腦，是以獲得「完全掌握世上十條路的選擇之全能」為行動使命。不顧一切地前進，也不做任何選擇取捨。

換言之，憑著單純記憶力生存的階段，只不過是在打好人生的基礎工程，連大腦的方向都還沒決定，恐怕也不知道自己是什麼樣的人吧。總之，這是個「使命必達」的時期，也是充分有能力這麼做的時期。沒有餘力也沒有權利去思考：「微積分到底對人生有什麼幫助？」或「這份工作真的適合我嗎？」

二十五歲之後單純記憶力開始下滑，大腦終於在這時冷靜下來，不再瘋狂地搜集資訊。於是大腦主人開始看到周圍，建立社會自我。

這樣一想，孔子實在很了不起。「吾十有五而志於學，三十而立」，就是說在單純記憶力迎來巔峰的十五歲鑽研學問，趁著巔峰期埋首學習，在單純記憶力開始下滑的二十歲尾聲建立社會自我。

孔子應該是個非常順應自己頭腦的進化或成熟，而且坦率表達出來的人吧。他或許是在順應自然的部分非常突出，而非真是什麼過人的天才。所以，即使過了兩千五百年依然受人敬重，繼續為大眾闡釋人生的普遍真理。

順帶一提，極為普通的現代人似乎會透過「最近對戀愛或工作都失去衝勁，反正大概也看得到結果會如何發展」的感覺，自覺到單純記憶力的下滑。

好了，那麼孔子也說過「四十而不惑」。我在時隔數十年後再度接觸到這段文字，不禁會心一笑。心想，連孔子也曾在三十幾歲的階段對世事感到迷惘啊。

三十幾歲是一段混沌的時期。過了單純記憶力的巔峰期，卻離聯想記憶力的巔峰還很遙遠；無法像年輕時那樣橫衝直撞，但也意外缺乏創意能力；無法像二十幾歲那樣一個勁地以自我為中心，也敵不過五十幾歲的自信；同時，職場的期待與家庭責任愈來愈重。內心雖然感到膽怯，卻必須虛張聲勢，所以只能依賴著客觀評價不斷掙扎。

不過，這也是大腦的生理狀態所創造出來的「人類共通的處境」。

三十幾歲的腦是「遇到十條路的選擇，十個結果看起來分量都一樣」的腦。所以在選擇時會迷惘，選擇之後還是會困惑。明明想要成為專家，卻又懷疑這是不是自己的天職；即使結婚了，也會懷疑「這個人真的是對的嗎？」徬徨困惑帶來多餘的痛苦感受。

不過，這種痛苦的感受，正是培養五十幾歲「看透關鍵兩成的能力」之重要功課。如果偶然成為時代的寵兒，在三十幾歲就出人頭地，也有可能在五十幾歲陷入看不見本質的悲哀境況中。當同齡人都知天命時，唯獨自己找不到一路走來的意義，覺得人生很空虛，各位應該想得到幾個淪落到如此下場的過氣名人吧？

現在正在閱讀這本書的讀者之中，如果有人覺得三十幾歲那個階段，自己活得很痛苦，請為你的腦感到高興，因為其中肯定存在著明日的真理。

來到混沌的三十歲尾聲，在即將邁入四十歲之際，任何人的腦都會很自然地開始忘東忘西。令人意外的是，這也是大腦很重要的進化過程。大腦將單純記憶力切換成聯想記憶力時，會釋放掉多餘的記憶。即使忘記也不太會影響人生的電影演員名字，或是不太常用到的慣用句等等，都會忘得一乾二淨。這並不是老化，請各位放心。一旦開始變得健忘，就不會被不必要的事物影響，人就不會再感到迷惘了。孔子肯定也是在年屆不惑時開始忘東忘西的。

四十幾歲的階段，是原先看到「十分之十」的大腦開始逐漸捨去數字的過程。因此，隨著年齡的增加，人也愈來愈快活，再加上還有體力，因此也是可以充分感受到年富力強的歲數。

然後，到了五十幾歲的階段，人生就會到達「看透本質」的階段。不過若以大腦功能論而言，只不過是看透「自己的本質」而已，或許也能說還是很稚嫩的狀態。

根據孔子的說法，六十幾歲是「六十而耳順」。換言之，直到進入六十幾歲的階段，才開始能真正聽進去別人說的話。到了六十幾歲，連「別人的本質」也能一同看透了。哪怕是連路邊綻放的野花或小嬰兒的笑容，都能看出一些個中真諦，肯定也知道「宇宙的本質」。這麼一說，從前日本的老奶奶好像還會跟路邊的花朵說話呢。

接著，當人到了七十幾歲，是「七十而從心所欲不踰矩」。順著心之所向，不踰越規矩。也就是說，即使順從內心的想法，也不會走錯路。到了人生達人的層次，應該會愈來愈有意思才是。

大腦會持續進化與成熟，直到死亡為止。負面思考也有可能是為了下一次的飛躍做準備。所以我對大腦的抗老化沒興趣。我打算順應自己的大腦，悠然自得地品味人生。

掌握夫婦腦，機智夫妻生活必備的熱戀攻略

因為看不到多餘的部分，所以不會迷惘：事物的本質看起來很有意思，也很清楚自己的資質，明白自己為什麼在這裡。大腦要真正達到這種狀態，必須等到五十五歲以後才行，連孔子也不例外，人生是急不來的。

Vol. 23

女人的路

職場上的成熟可以用孔子型的人生路去衡量，
但女人的幸福必須遵循這條本能的路才行。

夫婦腦指南

二十五歲左右的戀愛，女人會感覺是「命中注定」。
那種稀有感會讓人覺得「彼此是經過好幾世的輪迴才相遇」。

前一章談論的是從腦科學來看的人生論。

人的大腦經過橫衝直撞的十五歲到二十幾歲、開始看見社會所以極其混沌的三十幾歲、健忘的四十幾歲，再到掌握本質的五十幾歲。這段大腦的成熟過程，孔子說是「吾十有五而志於學，三十而立，四十而不惑，五十而知天命」，相當有意思。

二〇一〇年，睽違六年重新復出發表新曲的樂團「安全地帶」，所有團員都五十幾歲了。他們復出時說：「到了五十幾歲的年紀，我們終於知道安全地帶應該是什麼樣子的樂團了。」

從西元前五〇〇年的孔子，到二〇一〇年的安全地帶，若從人生學的觀點來看，人類一直在重蹈覆徹。即使先人在嘗試錯誤後留下再經典的格言，人依舊會故我地追求私欲、徬徨失措，直到五十歲才知天命吧。就算過了兩千五百年，仍然沒能縮短那段時間，一思及此，不免有種既可悲又可愛的感覺。

好了，這一回我想來談論的是，連孔子也沒談過的女性腦人生學。當然，女性腦跟孔子的一樣，也是依循前述的過程進化，不過女人的人生卻沒有孔子那樣簡單。

人的大腦在「三十而立，四十而不惑，五十而知天命」之餘，也擔負著繁殖的使命。

動物必須從其他個體的體味（費洛蒙）感知該個體的基因訊息，一旦聞出「異性身上擁有生殖適合度高的基因」就會發情，也就是一般俗稱的戀愛。

生殖風險愈高的物種，聞出費洛蒙的感受器敏感度愈高。我甚至聽說有些一輩子只交配一次的昆蟲，還會一直線地朝著數公里外生殖適合度高的異性飛去。

如果是生殖風險有顯著性別差異的哺乳類，當然雌性的敏感度會遠高於雄性。因此在年輕女性眼裡看來，這個世界是由稀有的「迷人男性」與大量的「不想隨便被他觸碰的男性」所構成。

據說女性的費洛蒙感受器最敏感的巔峰期，是在二十五歲的時候。女性的視覺或味覺等其他感受器的敏感度，也是在二十五歲迎來巔峰，理由是因為二十幾歲是最適合生產的年齡。在生產的最適齡期將全身感受器的敏感度開到最大，然後跟生殖適合度最高的異性交配。不管平成女子再怎麼努力維持青春貌美，這一點還是跟孔子的時代一樣沒變。

因此，二十五歲左右的戀愛，女人會感覺是「命中注定」。畢竟那是實際經過大腦從成千上萬人中挑選出來的唯一一人，那種稀有感會讓人覺得「彼此是經過好幾世的輪迴才相遇」。

那麼呢，如果在沒有生育的情況下過了三十歲，費洛蒙感受器會開始變遲鈍。因為考量到這個年紀還沒能生育，如果在現今所處的環境中將感受器的敏感度開到最大會很危險，所以大腦才改變戰略。減緩選擇取捨，不再陷入激烈的熱戀，相對地，無法忍受的異性數量也會逐漸減少。

所以，女性必須活得聰明一點。戀愛的適齡期是二十幾歲，跟工作的奮力衝刺期也是一致的。如果兩者都難以割捨，把生育稍微延後即可。只是在這種情況下，把「命中注定的戀情」設定為結婚必要條件是很危險的。女性們必須做好心理準備，如果遇到有人主動追求，即使沒有來電的感覺，也要試試看謙虛地接納對方。戀愛這種事，等到生殖功能衰退了，一樣可以談。

女人有一條專為女人準備、由本能所描繪出來的路。職場上的成熟完全可以用孔子型的人生路去衡量，但女人的幸福必須遵循這條本能的路才行。工作與戀愛都可以選擇不放棄的現代女性，正過著努力讓這兩條路順利交叉的艱難人生。自由度愈高，煩惱也愈深。即使到了二十一世紀，女人的路為何還是如此艱險呢？

掌握夫婦腦，機智夫妻生活必備的熱戀攻略

把「命中注定的戀情」設定為結婚必要條件是很危險的。如果遇到有人主動追求，即使沒有來電的感覺，也要試試看謙虛地接納對方。戀愛這種事，等到生殖功能衰退了，一樣可以談。

Vol. 24

女人天生的第六感

女性腦容易看穿他人謊言，也容易產生直覺。
那種直覺的速度超乎男性腦的想像。

夫婦腦指南

當女人宣告「我要這個」時，即使做出選擇的時間非常迅速，但你最好要知道，她可能已經完成一輩子所需的確認了。

女性腦的右腦（感覺區）與左腦（思考區）連結遠比男性腦緊密，因此更容易看穿他人謊言，也容易產生直覺。這件事情，我想前面也敘述過了。尤其用「想像」模擬自己身體的具體感受之後，那種全心接受的速度超乎男性腦的想像。

我想表達的意思是，女性很容易想到「不二選擇」的「首要推薦提案」。男性往往會認為那樣太過武斷，要直下定論還言之過早。

比方說，在新婚妻子挑選客廳沙發的時候。

她內心會浮現各種坐在這張沙發上的情境。舒適度當然不用說了，連癱坐著看報紙時的觸感、夫妻相互依偎時的放鬆感、招呼客人坐下時的自豪感、抱著未來有一天會降臨的嬰兒坐著時的安心感、孩子在沙發上玩耍時的安全性，這些都想到了。當然，平常容不容易保養也想到了。如果是常搬家的家庭，妻子甚至連搬運的難易度都考慮到了。然後在雨天、晴天、清晨的陽光下、夜裡朦朧的間接照明下，這張沙發又會看起來如何，呈現出什麼樣的風貌……

這麼多「身體的具體化感受」確認，幾乎就在從目光停留在那張沙發上，到走上前去的短暫時間內，在半無意識之間完成。正確來說，二十幾歲新婚太太的資訊量比這略遜一些，不過陪同前往的五十幾歲母親，一瞬間就能完成這種小事。

因此，當女人宣告「我要這個」時，即使做出選擇的時間非常迅速，但你最好要知道，她可能已經完成一輩子所需的「身體性的確認」了。

我希望男人可以先接受她的決定，再語氣溫柔地勸告：「把這張沙發放進客廳的話，離電視機的距離會變得太近喔。」言下之意就是，拜託男人不要馬上脫口而出：「妳做事真的都不經過大腦耶。」

即使是不會說得這麼過分的男性，也很容易說出「我們先看過其他的，再決定吧」這種話。你可能在想，這是很尋常的建議，也是很理所當然的事吧？不過，要是知道了那樣的建議會讓女人內心有多失望，你可能會嚇一跳。

身為感覺的天才，女性腦在檢討比較之前，早已搜集為數不少的感性資訊。假如在一堆物品當中找到唯一一個強烈吸引自己的東西，她們就會在無意識之間完全捨棄其他選擇。價格也早在第一時間看好，連廣告標語也沒漏掉。

一般都說女人對於分手的戀情不會有任何眷戀，對於曾經捨棄的選擇也一樣，連碰都不想被碰一下。當然，在「不二選擇」的情況下，其實女性也是會做理性的檢討比較。

因此，我要給業務員一個建議，如果女性顧客說：「我想要這個。」那你最好不要冒然提供更多資訊企圖說服她：「現在的話，還有這樣的商品喔。」不妨先詢問她被那項商品的哪一點吸引，再慢慢引導她：「如果是那樣的話，這個商品更……」這樣推銷效果更好。

此外，女人碰到無法提出最佳推薦的人，往往也會覺得對方是遲鈍的人。對女性上司或女性顧客提案時，如果對方問道：「你最推薦的是哪個？」你要訓練自己能夠立即給出答案。如果單純回答：「就是說呢，這個有這樣的優點，那個有那樣的優點……」只會被對方認為「這個人沒有用」。

約會時也一樣，如果無法果斷說出：「我推薦的是這個。」就會瞬間被女伴扣分，要注意喔。

如果想提升好感度，不要問：「妳要吃什麼？」而是應該提議：「義大利料理如何？我想帶妳去吃一家窯烤披薩。」或是「我找到一家最推薦的沾麵，一起去吃吧。」而且從女性腦的構造來說，事先提議的效果好多了。

這也是因為女性腦是「喜歡重複過去記憶的腦」，所以在約會之前，她會一再想起你說的「我想帶妳去吃一家披薩」，然後滿心期待。至少從一週前開始就不會去義大利餐廳，也會默默開始思考要穿哪件洋裝。就這樣，在約會開始之前，女人自己的心裡已先炒熱了氣氛。因此，在約會一開始見面的瞬間，她的滿足度已經來到七〇%左右了。

這種預告作戰也有次要的作用，就是在「滿心期待的期間」，即使約會對象比較少打電話或傳訊息也無所謂。愈是忙碌的男性，愈應該用心靠

「預告約會」來減輕負擔。

此外，有些男性會說，如果這樣提前給出建議，「怕會讓對方過度期待，萬一實際上不合胃口或約會要延期就糟了。」不過，這一點完全不需要擔心。對於「用時間軸的積分醞釀情緒」的女性腦而言，無論結果如何，曾經滿懷期待的時間都不會消失。她應該會體貼地用輕快語氣回答：「工作很忙也是沒辦法的事，那就改天再約吧。」萬一不是這樣的話，她可能有一點情緒控制上的問題，及早發現應該也是一件好事。

好了，這裡對女性也有一些建議。男性腦很難有直覺降臨，他們對於「不二選擇」的最佳推薦會感到強烈不安。他們希望確實經過檢討比較之後，才篩選出「不二選擇」。

如果只是選購家用物品，就算女性堅持己見也無所謂，但如果在商場上這麼做，可能會讓大家看輕妳的能力，所以最好還是注意一點。

女性腦容易靈光一閃，突然想到值得大力推薦的絕佳提案，此時她們會很有臨場感地想起顧客的心情，一下子就確定「啊～就是這個了！」，此時，女性會覺得說明其他候補選項很沒意義，堅持己見說道：「當然，就是這個了。」在公司內部案件中，有時甚至會省略提案或商議，直接執行「理所當然的結論」。

不過，很少在商場上靈光一閃的男性腦，不會明白這份確信的根據從何而來，因此他們往往會把這些行為視為強迫推銷、擅作主張，或個人偏見。

所以呢，在寫給男性看的提案書中，即使有第一推薦的選項，也要列出多組候選清單當作參考提案。此外，如果能附上一些數值，用表格或圖像進行檢討比較，他們會更加安心。

即使從女性腦的角度會認為：「明明是在評估未來顧客對於新商品的感性，就算把過去的成績化為再多數字也沒意義。」但那樣也無所謂。「複數提案與附加的數值」能讓男性腦安心，這一點是很重要的。就像是所謂的通訊協定，電腦與網路如果一開始沒有按照協定互動，通訊就無法成立了。男性腦如果只透過「大力推薦的靈光一閃」評估提案，通訊本身是不會開始的。

話雖如此，女性之中應該也有人會擔心，「假如提出複數提案，沒辦法傳達出我的心情吧？」在大部分的情況下，這一點也不需要擔心，只要「通訊」成立，讓男性腦感到安心，妳的提案多數能順利通過。

然而，若「通訊」本身不成立，事情根本無法開始，而且因為他們無法安心，所以還有可能說：「妳太情緒化了。」進而降低對妳的評價。

各位職場女性，理解這一點與不理解這一點，對於升到主管以上的路途艱險度可是天差地別。就算扔掉這本書，也千萬別忘記這件事。

話雖如此，幹練的女性在心底最厭煩的，就是不得不替「理所當然的結論」附上一堆「捨棄的他解」並加以說明的過程。久而久之，在她們眼中，周圍的人都會看起來很愚蠢，工作動力也會急遽下降。一般的學會或董事會中少有女性，我認為這也是原因之一。

女性不是做不到客觀評價，而是對客觀評價沒興趣，因此懶得參與那些事。如果真的參與了只能從客觀評價中看出意義的學會，或者加入數字就是一切的董事會，不禁會覺得自己是在浪費人生時間。感覺明明還有其他更重要的事情，內心不免感到空虛無謂。

反正呢，學會這種組織，繼續維持原樣也無所謂（儘管新的發現通常都發生在學會外面的世界），但董事會這種排除「擁有直覺力、能夠切身設想顧客五感的人才」結構，是否有點危險呢？

儘管社會性的決策必須經過檢驗，但如果不在營運上建構稍微尊重直覺的面向，組織很難有靈活的發展。因為在數字的背後，肯定有顧客的感動或笑容。如果不保留能容納這些感性的隙縫，高聳的牙城則有可能一夕瓦解。

如果組織沒有「好的隙縫」，具備風範的成熟女性就無法自在發揮。反過來說，如果有那樣的女性存在，也代表那個組織擁有「好的隙縫」。

我認為董事會納入女性的意義就在於此：打造出一個有彈性空間讓女

性腦即時說出新鮮意見的經營團隊。說得難聽一點，也許就像「被帶去某處探測是否有毒氣的金絲雀」一樣……？由成熟女性來經營，可以自在靈活發揮的地方，也能夠喚起男性的創造力，有助於推動企業的成長。這並不是為了社會性目的才提出的說辭。敬請為了本質性的企業存續，多多培育具備風範的女性管理階層吧。

掌握夫婦腦，機智夫妻生活必備的熱戀攻略

給女性的建議：男性腦很難有直覺降臨，他們對於「不二選擇」的最佳推薦會感到強烈不安。此時，若給他們兩種以上的提案與數值，能讓男性腦安心。

Vol. 25

贏得「人生」的方法

我們夫妻的結婚生活或許展開得太順利了，
如果經歷過更多難關，
說不定結婚一事就會成為彼此人生的自豪……

自豪的心情，恐怕不是別人的評價可以幫我們建立的，而是藉由自己不安、苦惱與絞盡腦汁獲得的東西，才能夠油然而生。

今年春天即將畢業的兒子還沒決定好升學方向。

從剛懂事的時期開始，凡事都慢人一拍的他，每到考前最後關頭，總是來不及準備完成。他的策略並不差，但執行策略的時間卻不夠……這就是最後三個月的狀態。

因為知道他還在摸索中，所以家人都沒把「可惜」掛在嘴邊，只是輕快地說了聲「果然」。

我自己呢，則是再一次地鬆了口氣。如果像那樣準備考試還能考上理想志願，他應該會看輕自己的母校，也看輕自己的人生吧。年輕人的目標必須要很遠大、很燦爛才有意義。

現在回想起來，我當了兩年的重考生才考上奈良女子大學，我非常喜歡自己的母校。在春光爛漫的古都展開期盼已久的獨居生活，那種喜悅感是無可比擬的，即使時至今日也經常夢見。

夢中十九歲的我，滿心自豪地步行在春日的陽光照耀下，覺得自己獲得所有的可能性與自由。三十多年前的那個瞬間，我內心肯定是這樣覺得的吧。雖然一轉眼就五十歲了，但這樣也不賴，畢竟我現在所擁有的，在我十九歲時想像到的所有可能性中，還算是不錯的那一種未來。

不過我那些一試合格的優秀同學都非常淡定，甚至一臉不可置信地問我：「妳何必為了這種大學而重考呢？」

每當我夢見十九歲的春天，內心都會不由得好奇，不知道她們在五十歲的春天都做著什麼樣的夢呢？

自豪的心情，恐怕不是別人的評價可以幫我們建立的，而是藉由自己不安、苦惱與絞盡腦汁獲得的東西，才能夠油然而生。看在以第一志願為目標的人眼裡，我的母校偏差值不算高，傑出的校友也很少，但我自己從沒想過要拿母校跟其他學校交換。

現在想想，我在人生中獲得的幾項自豪（例如身為第一代電腦工程師的自豪等等），都是經過千辛萬苦才獲得的成就。儘管不是什麼人人稱羨的事，但在我心中宛如美麗的琥珀，而且那些成就也在現實中支持著我。

即使是毫不相關的事情（連打流感疫苗的瞬間也不例外），我都能夠告訴自己：「我可是操作過八位元電腦的工程師耶，我什麼都不怕。」

然而，我那些輕而易舉獲得更高成就的優秀朋友，卻意外乾脆地放棄一切，覺得人生很無趣。

人腦的感性實在很不可理喻。主觀與客觀糾結在一起創造出自我實現感，一想到那在別人眼裡看來可能是毫無根據的自豪，就覺得人即使處在令人稱羨的境遇裡，也難免空虛。

這樣看來，痛苦也是一種幸運，因為人生的自豪與自己克服過的痛苦成正比。

人生的祕密不在於得到什麼，而在於如何努力去得到……啊，難怪人家說：「年輕時吃苦當吃補！」

到了五十歲，世上的祕密都解開了，饒富趣味。所以才會設法用語言傳承給年輕人，但年輕人聽了也不會有任何共鳴吧。

話雖如此，「得到什麼很重要，輕鬆到手也絕對比較好。」我彷彿能聽見年輕世代的這番心聲，就像我自己以前一樣。

兒子好像很難完全贊同我說的：「媽媽認為沒考上也很好喔。」不過他似乎想要為了十九歲的春天奮力一搏。

回首過往，我們夫妻的結婚生活或許展開得太順利了，如果經歷過更多難關的話，說不定結婚一事就會成為彼此人生的自豪……嗯，這又是另一回事了。戀愛的機制完全是靠其他大腦機制在運作的（微笑）。

掌握夫婦腦，機智夫妻生活必備的熱戀攻略

經過千辛萬苦才獲得的成就。儘管不是什麼人人稱羨的事，但在我心中宛如美麗的琥珀，而且那些成就也在現實中支持著我。或許結婚也能成為彼此的自豪。

Vol. 26

真正的夫妻對話

「我跟孩子有血緣關係，跟老公是毫不相干的人。」
與其深信「夫妻一心同體」，再為了期待落空而受傷埋怨另一半，倒不如這樣坦然地想還健康多了。

夫婦腦指南

三十幾歲妻子的絕望，與八十幾歲丈夫的絕望。
當兩人共同克服這些關卡時，或許才是夫妻對話真正成立之時。

有位先生在過了八十歲以後說他要離婚。一問之下才知道，他不喜歡妻子說話的口氣。該尊重丈夫時不尊重，該溫柔時也不溫柔。他說，因為妳還年輕，或許不太清楚，但上了年紀以後就會無法忍受這種事。

或許是這樣吧。前些日子一同錄製電視節目的武田鐵矢先生也說，很多人吵架都是從「你那是什麼口氣」開始的。比起深思熟慮後說出口的話，不經意脫口而出的話才更能顯現那個人的內心。成也說話，敗也說話。我自己是語感（大腦與語言的關係）的研究者，因此深知這件事。

另一方面，身為長期觀察男女腦的人，我也發現一件事，就是在腦功能位處極端的男女之間，自以為有益的話說出口以後，往往會帶來反效果。沒必要去追究夫妻之間的口氣是什麼意思，搞到滿心怨懟或心生絕望。

對另一半口氣感到絕望的年紀，男女大不相同。妻子期待丈夫的溫柔語氣或慰勞，是在懷孕、生產以及育兒的過程中。如字面之意，拚了命地留下丈夫基因的妻子，也拚了命地渴求丈夫的體貼。但，大多數情況下，都會期望落空。當然，這不是因為丈夫不好，而是因為男女大腦的語言功能大相徑庭，「表達方式」不一樣的緣故。

換言之，妻子會在三十幾歲的階段，一度對丈夫的口氣感到絕望，然後重新開始建構夫妻關係。所幸此時還年輕，仍然與社會保持連結，身心都處於堅強的狀態。如果發生很嚴重的事，也還能選擇離婚，重新展開另一段人生。

然而在許多情況下，女性內心多少也明白，即使與其他男人重新展開另一段人生，恐怕也只是重蹈覆轍。在胎內孕育後代的女性，自然而然會明白一個道理：不同的生命，靈魂的波動也不同。懷孕雖然是一件非常棒的事，但同時也是一種「被另一個不同的生命波動附身」的體驗。

孩子的波動與自己不同。不過我們知道，彼此在某處有著深刻的連結與共鳴。但與丈夫之間，那種生命的波動，感覺好像存在很大的隔閡。這在腦科學上是很理所當然的事，因為決定生物反應種類的免疫抗體類型，跟孩子有一半是相同的，但跟丈夫卻存在非常不一致的差異。對於那樣的感受，女人會這樣表達：「我跟孩子有血緣關係，跟老公是毫不相干的人。」

乍聽之下好像很冷淡，但這種達觀心態才正是家庭關係的基礎。事實上，會進展到生殖行為階段的男女，從細胞層次就不一樣，這是難以避免的事。既然如此，與其深信「夫妻一心同體」，再為了期待落空而受傷埋怨另一半，倒不如這樣坦然地想還健康多了。

另一方面，丈夫期待妻子的溫柔話語或慰勞，都是在退休之後，對旅行或其他興趣的發展告一段落，身體無法再自由活動之後開始的。喜歡在外面玩的男人，一直到了沒有家庭這個避難所，就無法生活的時候，才會開始跟「為了照顧無法說話的嬰兒，無法離開家這個避難所」的妻子站在同一處。

其中相隔四十年左右的時間差。「期待溫柔話語而感到絕望」是妻子早在很久之前就經歷的事，因此難免覺得：「事到如今，你還搞這套？」聽不見溫柔話語的丈夫雖然很可憐，但你們只是在償還四十年前的債。

不過啊，我也希望做妻子的可以理解，相對於在身心堅強時期經歷過這些失落體驗的妻子，年邁的丈夫面對這些苦澀是相當不利的。就算同樣感到閉塞，小嬰兒會逐漸長大，熟齡夫妻卻沒有「未來」這個透氣孔，確實是值得同情。

還有啊，我也要給男性一點忠告。完美主義思維的男性腦，容易陷入「就算十個之中只有一個不好的，也想要全部丟棄」的想法。很多時候，妻子一次的冷言冷語，背後可能有九次的溫柔話語。上了年紀之後，不要再去計算欠缺什麼了，養成計算自己擁有什麼的習慣吧。

三十幾歲妻子的絕望，與八十幾歲丈夫的絕望。當兩人共同克服這些關卡時，或許才是夫妻對話真正成立之時。

掌握夫婦腦，機智夫妻生活必備的熱戀攻略

妻子一次的冷言冷語，背後可能有九次的溫柔話語。男人上了年紀之後，不要再去計算欠缺什麼了，養成計算自己擁有什麼的習慣吧。也希望做妻子的可以理解，相對於在身心堅強時期經歷過這些失落體驗的妻子，年邁的丈夫面對這些苦澀是相當不利的。

Vol. 27

熟齡離婚的要點

夫妻的緣分實在很奇妙。

光用理論這種東西，也不可能阻止他們離婚。

夫婦腦指南

如果決定要熟齡離婚，請先理解彼此無法讓步的部分，還有該怎麼做才可以改善，然後再說分手吧。

聽說我認識的一對結婚超過四十年的夫妻要離婚了。

兩人都很有教養，也知道如何享受人生。在一百種要素當中，他們是九十九項氣味相投的夫妻。不過唯有一點，雙方互不相讓。

那就是來自妻子「一害羞就會在他人面前貶低自己家人」的可愛習慣。

舉例而言，當人家稱讚：「你兒子真優秀。」她就會刻意誇大地說：「他只有四肢發達而已啦。」露出一臉嫌棄的樣子。有時還會加油添醋說：「他就是笨得要命，才會交不到女朋友。」偶爾還會順著這個話題抱怨個沒完沒了。

我身為女人很清楚，那都是出自於她對家人深切的愛情。就像別人稱讚自己時，會不好意思地說「沒有沒有，沒那回事」一樣。正因為把家人視為自己的一部分，所以才會貶低家人。當著別人面前否定丈夫說的話，「你在說什麼啦，你這人也真是的。」也是因為與丈夫有一體感的關係……這是傳統日本人內斂性格的展現。

這位太太是個很容易害羞的人，因此這種自嘲傾向比別人更強烈一點。由於丈夫是身居高位的人，因此在別人面前被潑冷水會令他格外有壓力。再加上丈夫對孩子的教育煞費苦心，所以孩子時常被貶低也很令他受傷。

兩人的習慣只不過是一些微不足道的小事，如果換一種組合似乎就不會有問題。也正因為是微不足道的小事，所以才會花了將近四十年才爆發離婚危機。

不過這對夫妻吵架的原因幾乎都集中在這裡。我問他們夫妻過去吵架的來龍去脈，發現先生簡直就像機器人的按鈕一樣精準，只要按到同一個點就會生氣。而太太由於那幾乎像神經反射一樣，發自愛情的、沒有惡意的習慣遭到否定，因此也實在無法接受。

話雖如此，多年來共同經歷風風雨雨的兩人，就因為微不足道的用字遣詞而鬧僵了。

由於丈夫一再忍耐妻子的害羞否定，因此有一次不小心說出了心聲：

「妳總是在否定我。」

妻子則被他那一次說的「總是」傷透了心，「我明明那個時候、還有這個時候，都很體貼地附和你了。我們這四十年來也有過美好的時光啊，就因為這樣而被一概否定，太過分了。」

丈夫一開始就沒有那個意思，所以否認回道：「我不記得我有說過那種話。」妻子解釋為：「他每次一碰到問題就會說謊，我本來還以為他是光明正大的人。」就這樣，只因為一個口氣的問題，最終就演變成「我不想看到對方的臉，也受不了跟對方一起生活了」的事態。

我分別聽完這對夫妻的說法後，內心默默覺得很可惜。就好像明明還能使用的優良機械，只因為一個小地方斷線就要拿去丟掉了。

妻子很欣賞丈夫的理財觀，丈夫則非常喜愛妻子的料理。兩人支持的政黨與宗教觀也一樣，氣味相投的事情數量遠遠多過於意見不合的事情。

但數字或許不是重點吧，有的夫妻平日為了九十九件事情吵架，就因為一項連結而無法分開；也有的夫妻是人人稱羨的郎才女貌，卻因為一件事情無法相讓而分開。

夫妻的緣分實在很奇妙。光用理論這種東西，也不可能阻止他們離婚。

因此，我想至少可以從大腦的感性論立場，告訴各位熟齡離婚的要點。

熟齡離婚的人，最好冷靜分析離婚原因，徹底檢視自己的哪些行為傷到對方，自己又在哪些方面沒能讓步。至於對方哪些行為傷到自己，等事後再慢慢去埋怨就可以了。

熟齡離婚就像重擊胸腹部的拳擊攻勢，後勁很強。剛離婚時確實會有一種卸下重擔的輕鬆感吧，不過最後會有一股難以承受的敗北感席捲而來，因為熟齡離婚是一種否定過往漫長人生的行為。

若以剛才那對夫妻的例子來說，就是否定了整整四十年的光陰。從此以後，他們只不過是浪費四十年人生光陰，到頭來沒能成為人際關係達人的不成熟男女罷了。當然，這不是第三人的看法，而是自己內心湧現的敗北感，所以才難收拾。

如果遇到克服性格差異、相處融洽的夫妻，會有種好像輸給人家的可悲心情。即使想要與兒孫暢談人生，感覺也很難自吹自擂些什麼。

這種時候，為了避免產生尋短的念頭，最好要有這樣的自覺：「我無法對這一塊讓步。雖然知道可以怎麼處理，但我尊重自己的自尊心，意志堅決地分開了。」光只是談論對方的缺點，大腦很難保持四十年份的自尊心。

所以說，如果決定要熟齡離婚，請先理解彼此無法讓步的部分，還有該怎麼做才可以改善，然後再說分手吧。大多數情況下，如果做得到這一點，大概也沒有必要分開了。

掌握夫婦腦，機智夫妻生活必備的熱戀攻略

熟齡離婚的人，最好冷靜分析離婚原因，徹底檢視自己的哪些行為傷到對方，自己又在哪些方面沒能讓步。至於對方哪些行為傷到自己，等事後再慢慢去埋怨就可以了。

Vol. 28

老公，
你覺得哪個比較好？

丈夫的怨嘆：「妻子為什麼總是一臉高興地買下我沒選的那一個。」

夫婦腦指南

妻子這種生物，
就是猶豫時會依賴丈夫。

女人為什麼每次問完「你覺得哪個比較好？」以後，就會一臉高興地買下我沒選的那一個呢？

某場讀書會上，剛迎接銀婚紀念日的男性提出這個問題。結果在場所有男士都齊聲附和，「就是說啊，明明來問我的意見，卻又不是真的納入參考。」、「而且買另一個選項的時候，還高興得跟什麼一樣。那究竟是什麼意思啊！」

唉呀。

竟然這麼不了解女人心。怎麼會這樣呢？說來想必很氣人吧。

我在本書中多次提及，女人的直覺力是很驚人的。大腦的感性區根本不可能會猶豫要買哪一個。你說，那她們為什麼還要問呢？

那是當思考區的「該買的東西」與感性區的「想買的東西」打架的時候。例如夏天的包包，白色或藍色雖然很安全，但無論如何都想要可愛的橘色。這麼亮的顏色，感覺很看年紀……可就是很想帶回家。要搭配什麼衣服也是個難題……不過真的很想擁有可愛的橘色。

這種時候，妻子就會轉頭問丈夫：「你覺得哪個比較好？」

此時，妻子的腦中正在自我挑戰這道題目：「假如老公選擇別款，我還會想要買橘色的包包嗎？」儘管是無意識之間的挑戰。

不出所料，習慣解決問題的男性腦主人，也就是丈夫的回答很安全，「夏天用清爽的藍色比較好吧？」

妻子對照剛才的題目之後，如果發現自己依然想選擇橘色，就會恍然大悟，逕自開心了起來。因為有了這句話的加持，所以更是高高興興地走向櫃檯結帳。

反之，假如丈夫說：「橘色很漂亮啊，就選這個吧？」情況又會如何呢？

由於妻子無法挑戰前面的題目，因此會有一種期待落空的感覺。甚至會在猶豫半天以後，反問丈夫：「呃……可是橘色不會太亮嗎？也不好搭配衣服。」如果丈夫使用很優秀的勸敗法回答：「不會吧？妳還很年輕啊，而且跟妳喜歡的黑色洋裝或牛仔褲都很搭。」這時妻子也無從反駁，「只好」悻悻然地拿著橘色包包走向櫃檯。

換句話說，如果丈夫選擇自己決定的那一個，妻子反而會意志消沉，這就是妻子這種生物。猶豫時會依賴丈夫，不過丈夫如果沒有選擇自己沒看上的那一個，就無法達到本來的目的。

不過，好在動物的雌雄天性就是會對免疫抗體類型不一致的對象發情，因此夫妻在生物上的瞬間反應是完全相反的，所以先生大部分都會選擇與妻子不同的選項。簡直是一種穩定又好用的自我疑問消除機器人。

結果也就產生了丈夫的怨嘆：「妻子為什麼總是一臉高興地買下我沒選的那一個。」但是啊，會出現這種狀況的夫妻，實際上是非常非常圓滿的喔。

畢竟如果不愛丈夫，不信任他的眼光，這道「假如丈夫選另一個顏色，我還想選這一個橘色嗎？」的命題就不會成立了。如果是隨便一個人的選擇，才不可能拿來當作女人自問自答的起爆劑。

所以說，世上所有的老公啊，當你對妻子愈是煩躁時，愈是確認愛情的時候。

例如，當你累得半死回到家，她還滔滔不絕地講一堆今天發生的事給你聽的時候，或者講話全是「那個、這個、那個」等指示代名詞，不知道她到底想表達什麼的時候。女人對於沒有一體感的對象，絕對不會做出這些事。

話雖如此，但各位也不必對什麼也沒做的妻子感到不安，因為經歷長時間的結婚生活後，如果妻子能夠完全信任丈夫的感性（打從心裡篤定確信「他絕對會選擇另一個」），光靠想像就能完成自問自答，因此也沒有必要實際詢問了。

讓人煩躁也是一種愛，視而不見也是一種信賴。夫妻果然是一種非常有趣的關係。

掌握夫婦腦，機智夫妻生活必備的熱戀攻略

世上所有的老公啊，當你對妻子愈是煩躁時，愈是確認愛情的時候。讓人煩躁也是一種愛，視而不見也是一種信賴。

Vol. 29

如果老婆陷入戀情

愛存在於試煉之中，
人生當中也會有看似失去愛的日子。

夫婦腦指南

人生必須做好心理準備，在某個階段克服愈來愈厭煩的感覺，並與對方成為摯友。

結婚之後，是否就不會再陷入新的戀情呢？

……不，理論上來說，這應該是不可能的事，因為從腦科學的角度，就算在上帝面前發過誓，大腦還是跟單身時代一樣，沒有任何改變。但明明愛他愛得要命，難道一起生活久了以後，真的會有忘記這種心情的一天到來嗎？

二十六年前，穿著婚紗站在牧師面前的腦科學家（也就是我本人），內心不由得思考起這些事。

當時，為我們祝禱的牧師這樣說：「請你們早日成為摯友。」他說：「愛存在於試煉之中，人生當中也會有看似失去愛的日子。這種時候，希望你們憑著友誼的信任，攜手前行。」

我醒悟到，啊，果然還是會有失去愛的一天啊。我內心一面接受結婚是一種「違背腦科學上的自然歸結，兩人決定步上同一條路」的誓約，其中應該也包含「戀愛的終結」這項試煉，一面回答牧師的提問說：「我願意。」

從那天之後的二十六年來，我們與其說是摯友，更像是戰友。

婚外戀愛，在腦科學上是極其自然的結果。

地球上的生物當然是經由生殖與死亡編織生命的循環。據說這起因於地球擁有氧這種會使生物細胞氧化（老化）的「毒素」，但另一方面也為生物帶來演化的奇蹟。

假如一個人能活一千年，那在第一千年的早上，他恐怕會以傷痕累累的身體與心靈醒過來吧。不過，如果是以頂多一百年的生命串連，那在第一千年早上醒來的，就是好幾十代之後意氣風發、前程似錦的年輕人。而且演化到後來，醒來的會是無數基因組合中最適合現代地球環境的個體。

支持這種奇蹟般演化系統的，就是想要盡一生所能留下更多遺傳變異的生物本能。

那是地球上生命體被賦予的最基礎本能，連我們人類也不例外。

因此，在地球上擁有多次繁殖機會的生命體，其大腦深切渴望每次生殖都能變換對象，是極其理所當然的事。換言之，不管是自己或配偶陷入婚外情，從腦科學來看，都不是什麼稀奇的事。

正如前文所述，生殖風險高的雌性哺乳類動物會嚴選生殖對象。從異性的體味（費洛蒙）嗅出基因訊息，從成千上百人中找到唯一對象，然後強烈執著於對方。因此，女人的戀愛會與堅定的確信一同到來。然後，一不小心就說出了「經過多次輪迴終於相遇的命運之戀」這種話，事後回想起來卻只覺得：「我當時是著了什麼魔……」嗯，確實啦，我們的基因是好幾世代的基因搭配下來的結果，因此適合度肯定超越好幾世代以前的前世。

不過，從腦科學上來說，這種執著如果持續一輩子是很危險的。不僅能夠留下來的基因組合數量會受到限制，萬一發生無法繁衍後代的情況時，也會一輩子失去生殖的機會。

所以說，健全的女性腦會在特定時刻毫不猶豫地切換開關。也就是說，大部分的命運之戀都會結束在愈來愈厭煩的時候，那是由大腦所設計出來的地球上生命體的宿命。男人的所作所為（外遇或說話少根筋）只不過是其中的引爆器罷了。

因此，在女人的戀愛中，外遇的情況出乎意料地少，通常都是按照「堅定的確信」→「厭煩」→「下一個堅定的確信」循環發展。

想要順利閃避大腦的這種陷阱，設法拉近夫妻之間的牽絆，妻子只能把「愈來愈厭煩」的丈夫視為摯友，一步步構築相互依賴、相互支持的生活共同體。

我想告訴各位丈夫，幫忙疲憊的妻子帶孩子、幫忙做家事或聽她嘮叨大小事，都是走向這條道路的重要步驟，不是一時為了不惹她生氣才做的應急之策，還請牢記在心。

我想告訴各位妻子，假使妳陷入了非常炙熱的婚外戀愛，很遺憾的，未來總有一天，妳也會對這個新基因的主人感到愈來愈厭煩。

我們是生命長度遠超過生殖期間的物種，最後一定得與某個人以不同於戀情的模式相依相伴。換句話說，人生必須做好心理準備，在某個階段克服愈來愈厭煩的感覺，並與對方成為摯友。即使那個人是第一任丈夫，又有何不可呢？

婚外戀愛最好走柏拉圖式的，盡可能聰明地讓它事過境遷，並嘗試與丈夫成為摯友。希望各位都能夠努力一試。

掌握夫婦腦，機智夫妻生活必備的熱戀攻略

給丈夫的建議：「請你們早日成為摯友。」幫忙疲憊的妻子帶孩子、幫忙做家事或聽她嘮叨大小事，都是走向這條道路的重要步驟。愛存在於試煉之中，人生當中也會有看似失去愛的日子。這種時候，希望你們憑著友誼的信任，攜手前行。

Vol. 30

如果老公陷入戀情

丈夫對妻子的執著，
是隨著責任的累積而日益濃厚的愛意，
這種強烈的牽絆與戀愛不能相提並論。

夫婦腦指南

碰到妻子對婚姻愈來愈厭煩，或丈夫一時鬼迷心竅的時候。設法克服，再繼續走完人生的漫長旅程。不管表面上看起來多麼圓滿的夫妻，這都是必經之路。

女人的戀愛始於深深的確信，最終演變為同情。

男人的戀愛始於半信半疑，最終演變為深深的確信。

夫妻的腦似乎在攜手共度人生的過程中，經歷著截然不同的戀愛之旅。

正如前文所述，生殖風險高的雌性哺乳類動物會嚴格篩選基因的生殖適合度，對專一對象發情。也就是說，女性會在一定期間內，從為數眾多的異性中篩選出基因適合度高的單一對象，並深深執著對方。對其他任何男性都看不上眼，這段「情人眼中出西施」蜜月期會在戀愛剛開始如怒濤般洶湧而至，這是女性腦的一大特徵。

女性因為自己具有這個絕對專一的傾向，所以對男性也抱有同樣的期待。即使兩人剛認識就對她說：「妳是我命中注定的人。經過幾千年的輪迴，我們終於相遇了。真的謝謝妳出生在這個世界上。」也完全沒問題。但才剛談戀愛就能把話說得這麼篤定的男人，其實並不多，恐怕要超級花花公子或詐騙分子才說得出這種話吧。

不曉得各位男性是否知道，很多女性覺得在戀愛剛開始時，都是自己一頭熱，所以感覺很討厭，其中也有女性因為討厭那樣的感覺而結束戀情。這是多麼可惜的事啊！我們真的深切希望男性在戀愛初期可以盡量鼓起勇氣。

不過呢，在戀愛初期相當執著於單一對象的女性腦，從某個時候開始會產生愈來愈厭煩的感覺。因為，如果過度集中於單一對象，生殖機會或基因組合的多樣性都會受限，所以大腦有時會突然解除戀愛的執著。

如果是情侶，就在這裡吵架分手，轉移到下一段戀愛即可，但如果是夫妻，此時必須妥善處理，建立長久的友誼關係才行。

另一方面，男人的戀愛不會像女性那樣始於深深的確信。

相較於必須經歷漫長懷孕哺乳期的雌性，雄性哺乳類動物的生殖風險顯著較低，因此與其慎選對象，不如把握每一個有可能的機會，才是最合理的手段。換言之，男性腦不會像女性腦那樣積極地嫌惡異性，也很難產生「非這個人不可」的確信。

因此，男人是基於責任感而非戀愛的確信，才決定結婚，就像小學生去上學一樣，單純出於完成任務的心態在維持婚姻。

話雖如此，各位女性也不必感到沮喪，本來男性腦天生就愛「完成責任」這種行為，而且對於自己背負種種責任的對象會產生強烈的愛意。比方說，男人對待公司不就是如此嗎？最後他會像熱愛工作那樣，對妻子的愛意愈來愈濃烈。說到丈夫對妻子經年累月下來的戀慕之情，那可是既純潔又透明，簡直讓人要落淚了。雖然到那個時候，妻子已經轉變成相當清心寡欲的人類愛（同情）了。

好了，也就是說，這種「不會積極嫌惡異性，戀愛初期缺乏強烈確信感」的男性腦，容易見異思遷也是理所當然的事。

女人的外遇會發生在對現任伴侶失去那份執著時，因此妻子會以同樣的眼光看待丈夫的外遇，而感到絕望。但事情不是這樣的。因為丈夫對妻子的執著是隨著責任的累積而日益濃厚的愛意，這種強烈的牽絆與戀愛不能相提並論。

所以面對丈夫的婚外情，身為妻子的人不需要大驚小怪，只要不動聲色地繼續依賴他就可以了，反正最終他外遇的女性也會有愈來愈厭煩的時刻到來。

至於愛上有婦之夫的人，若能純粹享受與他戀愛的感覺，那也沒關係。對妻子的愛意與戀愛是兩回事，因此在戀愛這個階段，不需要去嫉妒他的太太。只要心想，如果成為他的妻子就不得不變成戰友，那倒不如一直沉浸在憧憬與心酸的滋味中。但是，也別忘了找到自己的戰友喔。

從妻子的執著與丈夫的責任感開始的婚姻，最終會抵達妻子的同情與丈夫的愛意。在長途跋涉的路程中，偶爾也會碰到妻子愈來愈厭煩或丈夫一時鬼迷心竅的時候。設法克服以後，再繼續走完人生的漫長旅程。從腦科學上來說，不管表面上看起來多麼圓滿的夫妻，這都是必經之路。

我的旅程也才走到一半，今後又會發現什麼樣的夫妻祕密呢？無論如何，有旅伴在身旁就是一件幸福的事。我衷心希望，天下的夫妻都能幸福。

掌握夫婦腦，機智夫妻生活必備的熱戀攻略

女人的戀愛始於深深的確信，最終演變為同情。
男人的戀愛始於半信半疑，最終演變為深深的確信。
婚姻，最終會抵達妻子的同情與丈夫的愛意。有旅伴在身旁就是一件幸福的事。

II 再一次求婚

Vol. 1

女人的提問，男人的回答

不管怎麼回答，
似乎就是無法講出女人滿意的答案。

夫婦腦指南

面對女人那些讓人無法回答的問題，
其實只要一個答案就夠了。

女人就是一種愛問一些讓人無法回答的問題的生物。

……回顧自己過去五十年來的人生，這樣的想法油然而生。

「你為什麼不遵守約定？」

「我忘了啊，太忙了。」

「（煩躁）我就算再忙，也不會忘記與家人的約定，你為什麼會忘記我們的約定呢？」

「嗯……就忘記啦。」

「（暴怒）你這個人為什麼這樣啊？」

「……」

這種 Why 類型的問題通常會一直延伸下去，愈到後面愈難以回答。

有時也會出現這種 Which 類型的問題，例如：「工作跟我哪個重要？」「你媽跟我誰比較重要？」

「這個嘛，兩個都很重要啊。」即使給出這種資優生的回答，也不可能得到稱讚。或是，就算很努力討好對方回答：「當然是妳呀。」也會被打槍說：「少來了。」不管怎麼回答，似乎就是無法講出女人滿意的答案……被我說中了吧？

其實，事情並沒有這麼困難。

面對女人那些讓人「無法回答的問題」，其實只要一個答案就夠了。我家兒子不管聽到媽媽提出什麼樣「無法回答的問題」，都只需要一句答覆，所有狀況就迎刃而解了。

前幾天也是，我才說：「你為什麼不把便當盒拿出來？」他就拿著便當盒衝過來，嘴裡說著：「媽對不起，妳都這麼忙了，我不該用這種小事讓妳煩心！」如果我說：「你為什麼不念書？」也是這句，「媽對不起，妳都這麼忙了……（以下皆同）」。每次聽到這句話，我焦躁的心情就會瞬間削弱。關鍵字或許就是「妳都這麼忙了」吧，一句顧慮到我立場的回應是很重要的。

有一次我問兒子：「你為什麼這麼擅長道歉呢？」

兒子這樣回答：「我不覺得我很擅長啊，畢竟媽媽受傷了嘛。因為我覺得會去質問別人的人，都是心裡受傷的人。」

如果被質問了，必須在防禦（找藉口）之前先敞開心胸。因此，攻擊（惱羞成怒）是不可能的事，他這麼說。

原來如此，我有點驚訝。原來我受傷了啊……我都沒注意到。因為一個塞在背包裡的便當盒而生氣的那週，我去了遙遠的新潟、栃木、名古屋、岡山、德島等地出差，而且全是當天來回。如果按照名古屋↓岡山↓德島的順序移動會比較輕鬆，但我為了幫兒子做便當，每天都規規矩矩地往返東京。我肯定不是在氣兒子太邋遢，而是傷心自己付出的心意與勞力似乎被忽視了。

質問的人受傷了。一旦意識到這件事，脫口而出的話是不是會有所改變呢？對家人也好，對顧客也罷，更重要的是，能夠對質問的人說出「對不起，傷害了我最重視的你」的大人，不是很帥氣嗎？

明明研究大腦感性將近三十年，卻還有很多事情尚待發掘。這個世界遍布謎團，所以才充滿魅力。

掌握夫婦腦，機智夫妻生活必備的熱戀攻略

會去質問別人的人，都是心裡受傷的人。對家人也好，對顧客也罷，能夠對質問的人說出「對不起，傷害了我最重視的你」的大人，不是很帥氣嗎？

Vol. 2

再一次求婚

或許這才是真正的夫妻時間開始的時候吧。

夫婦腦指南

再一次求婚——那是在外拚命完成責任的男人回到家時，自然而然發出的聲音，也是對身旁女人傳達出「因為有妳在」的輕聲慰勞。

前幾天，剛從學校返家的兒子一邊發出「哎呀呀」的聲音，一邊解開制服的領帶。那天他為了準備運動會比較晚到家，指甲上還沾著油漆。

我最喜歡看到男人帶著外面的緊張感回到我身邊時，一見到我的臉就像解開了什麼似地發出「哎呀呀」的聲音。

以前住在一起的公公是個能夠把這個「哎呀呀」用得非常性感的東京男兒。

他是個手很巧的工匠，平常整天待在工坊，也不太愛喝酒，因此我猜他或許不太喜歡出門。偶爾參加完聚會回到家，就帶著一臉嚴肅的表情站在玄關口，拍掉褲子上的灰塵。但只要看到我出來迎接，公公就會發出「哎呀呀」的聲音，放鬆緊繃的眼角。那一瞬間，我都會高興得暗自心想，「能夠嫁來這個家真是太好了。」

這畫面不管重複幾次，我都覺得很新鮮，最後甚至變成像一種神聖的儀式了。到了晚年，公公身體不適住院，出院時的那聲「哎呀呀」，我想肯定也是為了我努力說出口的，明明他連發出聲音都很困難才是。

公公在五年前的冬天過世。辦完喪禮回到家時，當時國中一年級的兒子在玄關口說了聲「哎呀呀」。語調跟公公一模一樣，簡直就像在慰勞一整天穿著喪服忙進忙出的我。那是兒子第一次的「哎呀呀」。

我內心為之顫動，在原地佇足了好一會兒。原來不只是語言而已，連公公那份成熟男性的體貼，也隨著「哎呀呀」一同傳承給他的孫子了。

語言就這樣乘載著靈魂，彷彿繼承生命一般代代相傳下去。

話雖如此，國中兒子用的「哎呀呀」儘管可愛，卻還不成氣候。之後好長一段時間都還是不太適合，直到升上高中三年級，從每天刮鬍子的這個春天開始，終於變得適合說這句話了。看著一口氣喝完麥茶的兒子喉結，我再次覺得「哎呀呀」是適合成熟男性的用語。

那是在外拚命完成責任的男人感到鬆一口氣，頓時找回自我時，自然而然發出的聲音，也是對身旁疼愛有加的女性傳達出「因為有妳在」的輕聲慰勞。因為有這樣的心意，守護家庭才如此開心。不管站在妻子的立場，或站在母親的立場都是。

順帶一提，我家老公不知道為什麼，從來不會說這句「哎呀呀」。每次我走去玄關迎接他，他都會莫名地緊張起來，眼神彷彿在說著：「妳今天沒有託我買什麼東西吧？」或是「妳有什麼不滿的地方嗎？」

這樣一想，我回到家時也不會有這種「哎呀呀」的心情。可能是因為職業婦女回到家還有一堆在家裡該盡的責任，所以總是會有種「戰鬥開始！」的心情吧。

儘管如此，我們在經常造訪的餐廳點固定幾道菜，等熱毛巾送上來時，也會同時發出「哎呀呀」的聲音。

當老公在我家玄關看到我的臉能夠說出「哎呀呀」時，或許才是我們真正的夫妻時間開始的時候吧。這句話比求婚更深刻。這麼說來，我恐怕得改掉說完「你回來啦」之後，總愛接著抱怨一堆事情的習慣了。

掌握夫婦腦，機智夫妻生活必備的熱戀攻略

丈夫帶著外面的緊張感回到妻子身邊時，一見到她的臉就像解開了什麼似地發出了聲音。因為有這樣的心意，守護家庭才如此開心。不管站在妻子的立場，或站在母親的立場都是。

Vol. 3

愛的魔法

「便當還沒好嗎？」兒子問。

「你以為那些東西是用魔法變出來的？」我忍不住發火。

「是啊……用愛的魔法。」

夫婦腦指南

互相施展愛的魔法，會使人開心得停不下來。
然而，一旦變得互相有所要求時，瞬間就會枯涸。

一如往常地，我家那個擅長討女人（母親）歡心的兒子，前幾天再次擊出漂亮的一球了。

那天我忙著寫一份一早就要交的稿子，同時還要準備便當跟早餐，這位高中男生不斷用「水」、「毛巾」、「襪子」等單字向我提出要求。他每說一個字我就煩躁一次，但也沒時間跟他生氣，只好耐著性子照辦。不過當他第四次開口說：「便當還沒好嗎？」我終於忍不住發火了，不禁威嚇他：「你是不是以為那些東西是用魔法變出來的？」結果他這樣回答：

「是啊……用愛的魔法。」

算他厲害。

原本在鼻腔深處醞釀著的煩躁感，突然像沒事般地消失，甚至開始哼起歌來，彷彿在吟唱著今天也為您獻上「愛的魔法♪」喲。

於是我更加覺得，女人的煩躁真的只需要一點體貼跟一句話，就可以大事化小，小事化無了。

兒子也會向我回報愛的魔法。他總是會幫我加滿冰箱製冰機的水槽，幫我磨好菜刀以便隨時可以切菜，三不五時幫我把噴油瓶（用活塞注入空氣加壓以噴油出來的瓶子）加壓一下。

當我在做菜時發現這些小心思，內心就會有一股暖意。

為了我老公的名譽，我順便在此澄清一下，他當然也會做這些事。一直到幾年前為止，偷偷磨好菜刀都是他的愛的魔法。我家一直到公公那一代都是工匠世家，男人必須懂得磨刀才算能夠獨當一面。兒子從小就被配到一把專用的肥後守小刀用來作業，小學生時期就有專用的磨刀石。他被允許用那來磨菜刀是國中以後的事。他畢恭畢敬地繼承了父親那份「研磨一把準備全家飲食的菜刀」的工作。

幫我種植紫蘇、羅勒、香芹等料理用香草，應該也是老公愛的魔法之一吧。在貪吃的我家，愛的魔法大多都以飲食為中心。

於是，就因為兒子的一句話，我開始數起家裡愛的魔法，發現數量還真不少。

連我家那隻感覺沒什麼貢獻的懶貓也有絕招，就是在家人脆弱時陪睡在側，用肉球拍一拍我們。

我家真是充滿愛的魔法啊。

那天晚飯餐桌上，我告訴老公跟兒子這件事，結果他們不以為然地說：「那沒什麼大不了的吧？」還說：「妳昨天明明還在抱怨說什麼，看到下雨都不幫忙把衣服收進來、不幫忙收碗筷、不肯對妳說半句體貼的話……」

啊……沒錯，如果要計算「幫忙了〇〇」確實多不勝數，但「不幫忙〇〇跟△△」的時候，數起來也是沒完沒了，所謂的家人就是這麼一回事吧。

我心想，真希望可以一輩子過著只有「愛的魔法」的生活。那就得先從生活對話中去掉「為什麼不幫忙〇〇跟△△」吧。但怎麼說我也是個活生生的女人，實在沒辦法做到那種程度。

不過身為一介研究感性的專家，我唯一知道的一件事，就是互相施展愛的魔法，會使人開心得停不下來。然而，一旦變得互相有所要求時，瞬間就會枯涸。愈是渴望愛的人，愈無法感到滿足。想得到愛的話，得先從「付出」開始。那個夏夜，我如此說給自己聽。

掌握夫婦腦，機智夫妻生活必備的熱戀攻略

想一輩子過著只有愛的魔法的生活。那就先從生活對話中去掉「為什麼不幫忙〇〇跟△△」吧。想得到愛的話，得先從「付出」開始。

Vol. 4

孩子的七條守則

這個夏天想讓孩子做的七件事。

夫婦腦指南

健全的大腦是由健全的睡眠打造出來的。
早睡早起是育兒中基本的基本。

「這個夏天想讓孩子做的七件事。」

這是大約三個月前從某本雜誌收到的採訪題目，對方希望我從腦科學的立場提供遵守那些守則的訣竅，包括早睡早起、幫忙做家事、適度出門玩樂、日行一善等等。

我一邊在心裡感佩，如果有小學生能這樣度過暑假的日子，確實是很棒的一件事，一邊試著設想讓孩子乖乖遵守的訣竅，卻一點靈感也沒有。總覺得，有什麼地方不對勁……我苦思了一會兒，突然恍然大悟。

這些守則幾乎都是健全的兒童腦主人本來就會去做的事情。如果是健全的兒童腦主人，就算叫他一整天乖乖待在家裡，也不可能待得住。如果真心想滿足家人的期望，連家事都會主動幫忙做好。

能夠自然遵守這七條守則的孩子，確實會有所成長吧。但「讓孩子遵守」卻是件危險的事，因為強迫不夠健全的兒童腦主人去完成健全的兒童腦主人自然而然會做的事情，這是本末倒置，會造成反效果。被強迫的孩子會感受到相當大的壓力。

若說健全的大腦是由健全的睡眠打造出來的，也不為過，因為人的大腦會在大腦主人睡眠期間改善修復。掌管記憶與認知的海馬迴這個大腦器官，會趁大腦主人睡覺時，屢屢重播確認白天發生的事，努力建立知識與智慧。即使長大成人也一樣如此，許多成功人士都說：「沒有想法的時候，就去睡覺。」還說：「這樣一來，就會在天亮以後得到答案。」更何況是成長期的兒童腦。睡眠品質會大幅影響大腦的表現是無庸置疑的事。

健全的睡眠必須具備兩種腦內荷爾蒙，分別是晚上十點到深夜兩點之間分泌最旺盛的褪黑激素，以及早上會增加分泌量的血清素。褪黑激素會在視網膜感覺到黑暗時分泌，血清素則在視網膜感覺到早上的自然光時分泌。褪黑激素有助於打造優良的睡眠品質，血清素則有助於夜間的褪黑激素分泌。換言之，如果早上不好好起床，那天晚上就沒辦法好好睡覺。而且血清素會讓腦一整天處於容易感覺到穩定成就感的狀態，這將使孩子一整天下來都不鬧脾氣、好奇心旺盛、表現體貼。

所以，早睡早起是育兒中基本的基本。再加上早餐、讀書，這四項應該算是父母的責任。不過，適度出門玩樂、幫忙做家事、日行一善，還有適度自主學習，這幾件事情，只要大腦有持續穩定分泌褪黑激素與血清素，自然而然就會去完成。保持良好的生活習慣，剩下的只要任其自由發展即可。

七條守則。「只要遵守這七條就會成功」，這種簡便又合理的訊息深深吸引著看重偏差值教育以後的世代。醉心於事業成功七大法則等概念的四、五十歲商業人士應該也不在少數。

但請各位注意，不管是育兒法則也好，商業法則也罷，其中都參雜著成功人士自然而然會去執行的「逆法則」。當然，成功人士會認為那是成功的祕訣，親切地與大眾分享，但也有些大腦會受到負面影響。不過反正呢，會受到負面影響的大腦幾乎無法堅持下去，所以實際受害程度也不至於太大就是了。任何的人生法則都不能盲信，希望各位能夠講求科學根據，或者帶著「先稍微試試看，如果內心能夠保持自在就ＯＫ」的彈性心態，至少不能失去這種程度的客觀性。

掌握夫婦腦，機智夫妻生活必備的熱戀攻略

育兒重點：如果早上不好好起床，那天晚上就沒辦法好好睡覺。褪黑激素有助於打造優良的睡眠品質，血清素則有助於夜間的褪黑激素分泌。而且血清素會讓腦一整天處於容易感覺到穩定成就感的狀態，這將使孩子一整天下來都不鬧脾氣、好奇心旺盛、表現體貼。

Vol. 5

領導者的條件

深具說服力的一句話，
讓我內心已暗自決定要更坦蕩地使用平易近人的語言。

夫婦腦指南

讓人露出笑容，其實出乎意料地簡單，
只要自己先做出開心得不得了的表情即可。

有一位名叫小栗旬的日本演員。

他的五官端正，身材高挑，是個俊美的青年。其實一直到前陣子，我都還不太能區分他跟其他年輕演員，但我現在對他非常感興趣。事情發端於他說的一句話。

有天早上我打開電視，看到小栗旬在東京大學公開講座上擔任特別講師的樣子。會場上有人針對「當今日本所需的領導者特質」請教他的意見，只見他思考了一會，最後回答：「雖然不太清楚世人的看法是什麼，我自己認為是在走進攝影現場時，能讓大家展現笑容。」

會場的反應與棚內的反應都蠻平靜的，感覺大家本來就沒有期待一位看似與政治學無緣的年輕帥哥演員，會說出什麼讓人發出驚嘆聲的「快答」，而且實際上的情形也是如此。不過我卻停下手邊的家事，仔細盯著他的臉瞧，因為他說的話打動了我的心。

說到領導者特質，我有一個忘不了的定義。那是攝影師白川由紀小姐告訴我的。

獨自行腳非洲大陸的她，拍下無數令人過目難忘的照片（我看過她的照片以後，才知道真正的「豐富多彩」是什麼意思），而關於領導者的特質，她是這樣描述的：

在連遊客都不太會造訪的地區，似乎很少看到日本女性。她每到一個聚落就有人會舉辦歡迎會。席間遇到的聚落領導者年齡有大有小，服裝也各式各樣。外表看起來都不讓她覺得是領導者的類型，但領導者在被人介紹以前，一定都看得出來，因為只要那些人一現身，周圍人群就會露出開心得不得了的表情。

「我認為讓人們露出笑容就是領導者的條件。」她下了如此結論。一直到年過五十的今天，我沒聽過比這更好的領導特質論。

聽過她說的那番話至今，我又結識了許多領導者，她的定義完全沒錯。那些令人想稱其為賢君的領導者，光是現身就能令部下或初次見面的顧客展露笑容。

讓在場的人露出笑容，其實出乎意料地簡單，只要自己先做出開心得不得了的表情即可。開心得不得了的表情，會像鏡子反射般投影在對方的腦中，誘使人露出笑容。就像看到小嬰兒滿臉笑容，人們就會不禁面露微笑，相信是每個人都有的經驗。

問題是大人很難產生這種天真爛漫的心情。重點在於能不能夠將所有擔憂與不安拋在腦後，純粹為等待自己的那些人感到開心，這種能力或許才是屬於領導者的特質。

為此，平常就必須做出絕對不要有受害者心態的心理準備。就算遭人背叛，也要為對方背叛自己一事感到憂心，考量如何避免對其他人造成困擾。不把自己當作受害者自憐自艾，也不去憎恨他人，唯有做好這樣的心理準備，才能夠純粹為他人感到開心。我認為這種「不要有受害者心態」的心理準備，就是領導者應有的特質。

笑容的領導特質論讓我意識到另一件重要的事：這個世界的真相其實都是能夠用平易近人的語言表達出來的。說話咬文嚼字、拐彎抹角，乍看之下好像很有教養與價值，但是不是往往無法貼近事實呢？

不過話說回來，小栗旬能夠站在歷史悠久的東大安田講堂舞台上，毫不修飾地說出如此深具說服力的一句話，著實令人欽佩。雖然我是靠嘴巴賺錢的顧問，但內心已暗自決定要更坦蕩地使用平易近人的語言。為了提醒自己不要忘記，我打算立刻去買一本小栗旬的寫真集，絕無他想（微笑）。

掌握夫婦腦，機智夫妻生活必備的熱戀攻略

笑容——這個世界的真相，其實都是能夠用平易近人的語言表達出來的。說話咬文嚼字、拐彎抹角，乍看之下好像很有教養與價值，但是不是往往無法貼近事實呢？

Vol. 6

愛自己的時代

在「愛自己」一詞氾濫的現在，
年輕人反而過得很痛苦。

夫婦腦指南

所謂的「自己」，是要經歷過各種風雨，捨棄掉（不得不捨棄掉）不必要的事物之後，才會突然現身的。

各位是否記得早前曾經流行過「愛自己」這種說法？大約在二〇〇三年時，這句話幾乎每個月都會占據某些女性雜誌的卷首。女性為了尋找自己，會去上瑜伽課、去飯店享用午餐，或學跳佛朗明哥。

如今據說變成了「自我盤點」。似乎有人會這樣說：「進行自我盤點，建立事業願景。」

第一次聽到這個詞時，我不由得嘆了口氣：「多麼辛苦的時代啊。」對於被丟出這道題目的年輕世代，我只深感同情而已。

各位想想，在你三十幾歲的時候，如果叫你「好好審視自己」，應該也看不出什麼所以然吧？根本不可能看出什麼所以然。「自己」是要經歷過各種風雨，捨棄掉（不得不捨棄掉）不必要的事物之後，才會突然現身的。

從腦科學上來說，如果還沒到擺脫生殖荷爾蒙（製造出想要受人歡迎、渴望擁有好心情的荷爾蒙）的束縛，年紀也未到聯想記憶功能達到巔峰的五十五歲上下，很難能真正客觀審視自己，知道人生的使命。附帶一提，聯想記憶指的就是看穿事物本質的能力或豐富的想像力。令人意外的是，大腦其實是在五十五歲左右才會迎來智性的巔峰。

另一方面，單純記憶（背誦能力）的巔峰期是二十幾歲。也就是說，二十幾歲的腦在「大量接收」方面是有價值的，卻尚未能夠輸出任何建構願景的東西。然而，這卻是一個才三十幾歲就被要求提出願景的時代，令人覺得實在太過嚴苛。明明沒有任何輸出卻必須建立願景，就好像叫他們在沙漠上建造城堡一樣，恐怕只會讓人感到心力交瘁、無所適從吧。

「談論夢想」、「把興趣當工作」是近期流行的創業講座關鍵字。台下的聽眾們被迫接受「似乎必須要有夢想才行」、「好像必須要有興趣才行」等觀念，試圖讓空無一物的靈魂振作起來，耗盡心力地談論夢想。這未免也太悲哀了。

各位在職場上打拚的人啊，請稍微冷靜下來聽我一句。願景、夢想或興趣，這都是從體內自然而然湧現出來的東西，不是被人要求之後硬擠出來的東西。如果那麼做的話，內心可是會凋零的喔。

在一九八〇年代中期以前出社會的企業人，年輕時很少被要求樹立願景。我們也不是出於什麼「想做符合自己志趣的工作」這種愛自己的出發點而就職，只是出於「想要盡快獨當一面」、「想要做出世界第一的〇〇」的心態出社會的。

由於立足點不是愛自己，因此也不曾為了「這份工作好像不適合我」感到猶豫，而是一心一意地尋找，想著：「現在的我，在這份工作中可以做到什麼。」因為目光焦點不是自己，即使失敗也不至於產生受害者意識，所以不會想要討拍，也不會憤世嫉俗。即使失敗了，也只會為自己感到羞恥或憤怒而已。

於是經過一番咬牙苦撐之後，任何人心中都會留下「絕對無法讓步的一塊」。這是否才會反映出未來的願景呢？我們這個世代的人有幸經歷這樣的時代，即使沒有什麼克己心，也能夠自然而然活出這種人生。

千萬不能小看流行語。在「愛自己」一詞氾濫的現在，年輕人反而過得很痛苦。「不要滿嘴怨言」、「豈有此理」、「自己動動腦筋想想」……這些八〇年代以前的過時說法，或許意外能夠成為年輕世代的救贖。

掌握夫婦腦，機智夫妻生活必備的熱戀攻略

各位在職場上打拚的人啊，請稍微冷靜下來聽一句。願景、夢想或興趣，這都是從體內自然而然湧現出來的東西，不是被人要求之後硬擠出來的東西。如果那麼做的話，內心可是會凋零的喔。

Vol. 7

晚一點就去做

「我晚一點就去做。」
那個「晚一點」究竟是什麼時候呢？

夫婦腦指南

晚一點就去做，問題不在於時間，
這是一種「會讓事情確實進行而不會遺忘」的誠意約定。

我在以前任職的公司待過一個研究室，裡面不知道為什麼都是九州出身的人。當時我發現他們說「晚一點」時，對於這句話的時間感與我們關東人截然不同。

例如一大早交代部下說：「那份資料可以幫我整理一下嗎？」對方回答：「我晚一點就去做。」……那個「晚一點」究竟是什麼時候呢？

在我感覺起來，是「現在手邊的工作無法暫停，所以做到一個段落就去做」的這種「不久之後」的感覺，因此我總以為對方大概下午一點就會幫忙處理。

不過換作是九州人，如果有在當天處理已經算好的，他們的時間感是即使隔天早上再做也還在準時的範圍內。就算表達我的不滿，但其他人全來自九州，我根本勢單力薄。有一次我忍不住問了：「所以這樣是什麼意思？過了關門海峽之後，晚一點是晚到隔天也無所謂囉？」

我開始好奇其他地區是什麼情況，便詢問各地出身的人：「你們的『晚一點』是多久？」結果關東圈與關西圈竟然足足有半天以上的時間差。而在我至今問過的對象當中，時間感最慢的是廣島。

對方說，在廣島如果回答「晚一點」，至少要三天後才動手。更準確地說，如果講「晚一點」，代表那個人沒有意願那麼做，因此一般在職場上不會這麼用，萬一有人這麼回答，千萬不要期待對方真的會去完成。

這令我大吃一驚。九州人還蠻常用「晚一點」一詞，但如果在廣島這樣講，會被認為是沒有幹勁的傢伙，這一點可得多加注意。

再來，「晚一點」在日文中的開頭音「ji」，經常被用來表達速度雖然緩慢，但事情確實有在進行的感覺，而且是確實掌握狀況的那種感覺，例如「jiwajiwa」（緩緩地）、「jirijiri」（漸漸地）、「jitojito」（拖泥帶水地）、「jyojyoni」（逐漸地）等等。

理由在於「ji」的發音體感。在發「ji」這個音時，舌頭必須稍微縮起來變厚，同時在此製造細微的震動。細微的震動像滲透一般深入舌頭深處。此外，由於舌根兩側變得緊繃，刺激到附近的唾液腺，因此舌頭旁邊的縫隙會有口水堆積。「ji」的音韻會帶來緩緩滲透並逐漸填滿的感覺，就是由這兩種口腔感覺傳遞給大腦的印象。

這樣說來，我以前少女時期愛看的《網球甜心》漫畫中的帥哥教練宗方仁，還有現正流行的人氣漫畫《仁者俠醫》中穿越到幕末的腦外科醫師南方仁，也都是一步一步緩緩地從小事做起，最後成就大業型的勤懇男人。

在感冒發燒、身體很難受的時候，聽到拿藥給我們吃的家人說：「晚一點就會好多了。」也比聽到「很快就會好了」感覺來得舒心一些。可能是因為前者的說法不僅呈現出對方的體貼，也可以感受到對方會一直陪伴自己的誠懇態度吧。

這樣一來，九州人所說的「晚一點就去做」，是不是在表示「雖然我現在無法馬上去做，但一定會放在心上把事情完成」的心意呢？問題不在於時間，這肯定是一種「會讓事情確實進行而不會遺忘」的誠意約定。各位九州男兒啊，指責你們動作慢吞吞真是抱歉。

語言就是像這樣，伴隨著與本身意義不同的印象訊息，有時品味一下發音的體感也是一件不錯的事。

掌握夫婦腦，機智夫妻生活必備的熱戀攻略

在感冒發燒的時候，聽到拿藥給我們吃的家人說：「晚一點就會好多了。」也比聽到「很快就會好了」感覺來得舒心一些。不僅呈現出對方的體貼，也可以感受到對方會一直陪伴自己的誠懇態度。

Vol. 8

Al dente的吻

全世界懂得Al dente的只有義大利人和日本人。

夫婦腦指南

語言不同，口腔的使用方式就不一樣，偏好的感覺也不盡相同。
這麼說來，接吻的方式是不是也有差呢……？

「全世界懂得 Al dente 的只有義大利人和日本人而已。身為我們歐洲的鄰居，德國人就一竅不通。」

說這句話的是一位義大利廚師。誠如各位所知，Al dente 指的是煮義大利麵時，那種恰到好處的彈牙口感。

雖然我的朋友只把這句話當成是義大利男人常說的客套話，但對於研究語言發音體感的我而言，確實有一些深入的體會。

因為義大利語與日語其實有非常相似的特徵，就是音節的最後一定要加上母音。兩者都是所謂的開音節語，而這位廚師說的話讓我意識到，原來這件事與「喜歡食物的彈牙感」有深刻的關聯。

英語或德語的音節會以子音收尾，因此單字最後很常要把嘴巴縮起來。義大利語會在音節的最後加上母音，因此都會如同「Mamma mia」或「Dolce vita」一樣張開嘴巴說話，所以屬於開音節語。日語也是同類，相較於閉音節語，說開音節語的人之間更容易產生親近感。

開音節語運用母音的抑揚頓挫添加表情。義大利歌曲會像唱「'O sole mio」時一樣，拖長母音來注入情感，因此日本人也能唱得深情忘我。相對於此，英語歌必須給子音加上重音，因此對開音節語人來說太冷淡，或許會感到有點挫折。在卡拉OK唱完法蘭克・辛納屈（Frank Sinatra）的〈My Way〉之後，用日本歌〈昴〉來換換口味的歐吉桑應該也不在少數。

那麼呢，我們這些張開嘴巴使用母音的開音節語人，習慣縱向（上下方向）控制口腔。母音「a」會高高提起口腔（即使是說話比較內斂，嘴唇幾乎快閉上的人，口腔本身也會高高地往上提），「e」則相對較低。

在說話發音時細膩地上下調整口腔的我們，咀嚼食物時一點點上下方向的振動都會使大腦產生反應。換句話說，就是對口中食物的彈性很敏感，所以吃到煮太軟的義大利麵或煮壞的白飯，根本難以下嚥。對於開音節語人來說，彈牙的、QQ的、鬆鬆軟軟的、黏黏滑滑的口感，是美味要素的前幾名。

另一方面，被拿來作為對比的德語，則經常使用到「chs」、「kern」、「schübe」、「dralle」等強烈摩擦上顎的複子音。因為強烈摩擦的緣故，不能毫無防備地張開口腔，所以整體來講會壓低口腔來發音，並控制呼吸的氣流。相對於控制口腔的開音節語，德語屬於控制呼吸的閉音節語。

由於英語也是一種閉音節語，因此只要知道「比起留意讓口腔維持在什麼形狀，如何運用呼吸更重要」，應該就能大幅改善發音，這一點可以多加留意。

德國人的大腦對於呼吸摩擦上顎這件事的敏感度比較高，因此比起食物的彈性更偏好摩擦上顎的觸感，像是醋溜高麗菜，還有馬鈴薯，這些食物都沒有咬勁，德語文化圈的義大利麵大多煮得太軟，可是想到又硬又乾的麵包又讓人退避三舍。不過，如果說是因為想要摩擦上顎，就能夠理解這種飲食文化的意義了，這肯定是一種絕妙的「上顎口感」。

語言不同，口腔的使用方式就不一樣，偏好的感覺也不盡相同。這麼說來，接吻的方式是不是也有差呢……？

掌握夫婦腦，機智夫妻生活必備的熱戀攻略

相較於閉音節語，說開音節語的人之間更容易產生親近感。說話發音時細膩地上下調整口腔的人，咀嚼食物時一點點上下方向的振動都會使大腦產生反應。

Vol. 9

櫻花，櫻花

只要有一棵那樣的樹佇立在那裡，
就會在花開的季節成為聖地呢。

夫婦腦指南

花被喚以符合其姿態的名字，再藉其名之力更臻極致之美。

再過不久，櫻花就要開了。

光想到就有種迫不及待的感覺。心情雀躍的似乎不是只有我而已。日本人為什麼這麼喜歡櫻花，總為之心癢難耐呢？

「只要有一棵那樣的樹佇立在那裡，就會在花開的季節成為聖地呢。」

曾經有人這樣描述櫻花。想想確實如此，每次在街角與滿開的櫻花不期而遇時，就會不由得受到莊嚴的氣氛震懾而停下腳步。

「話說，神聖的地方好像就叫做 sacrament[1]。」他接著悠悠低語道。

一時之間，我看著他的側臉看得出神。

櫻花的日文發音「sakura」會帶來清淨的空氣。

第一音節的「sa」是吹撫過口腔的風。讓舌尖接近上顎形成縫隙，呼

1 日文發音的前三個音節與櫻花 sakura 相同。

吸擦過門牙後側，同時提高口腔。接著滑過上顎的呼吸會擴散到整個口腔。由於滑過整個表層的呼吸會適度吹乾粘膜，因此讓人聯想到如擦拭般的清潔感，例如，sappari、sabasaba[2]。

接下來的「ku」是喉塞音。先阻塞住聲道再將氣流爆破出來，但因為是「u」段音，所以會同時將舌頭縮往喉嚨的方向，於是製造出將能量濃縮在一點，有如完全靜止在一點的感覺。

最後的「ra」是將嘴唇做出像花瓣的形狀（舌尖上頂，擴張舌側），然後一邊向下翻一邊提高口腔，完全就像是飄落的花瓣一樣。由於舌頭背面會暴露在空氣中，因此也有冷卻作用。用「sa」把口腔表層擦拭乾淨，用「ra」讓舌頭背面暴露在空氣中冷卻，其中有著像用神社洗手池水漱口般的清淨感，所以我們日本人才會用「massara」來形容純淨無瑕的感覺。

在純淨無瑕的「sara」中間，靜靜地夾著一個濃縮巨大能量的「ku」，這樣的「sakura」著實令人敬畏。古代日本人是不是覺得這種花特別具有神格，才賦予其「sakura」的音韻呢？就像基督教的人把這個音韻賜予神聖的恩典一樣。

此外，「sakura」也讓人聯想到一陣風吹過（sa），使靜止在一點（ku）的花瓣翩翩飄落（ra）的形象。我們之所以格外喜愛櫻花飄落之際，肯定也受到這個名字的影響。

不，或許先後順序是反過來的。因為正如「春日朝陽懸，良辰緣何心難靜，匆匆華散去」（紀友則）所描寫的，櫻花飄落的印象似乎早從平安時代開始既已深植人心。

為了描摹那種花瓣隨風飛散的形象而稱之為「sakura」，又或許是偶然被賦予神聖音韻的花，逐漸變成符合那種形象的模樣。改良種的染井吉野櫻恰恰有著純淨無瑕的花瓣，花姿爛漫莊嚴，飄落時無比夢幻。

話雖如此，似乎還是非得叫那個名字不可。因為聽說在從小稱呼那種

---

2 這兩個sa開頭的詞語在日文中皆有清爽、整潔等含義

花為cherry blossom的日本人之中，曾經有人指著滿開的染井吉野櫻說：「哇，是爆米花耶♪。」……嗯，不過會有這種反應，也不是不能理解就是了。

花被喚以符合其姿態的名字，再藉其名之力更臻極致之美。這個春天，每每目睹櫻花的莊嚴我便心想，無論人名或公司名，都不得草率馬虎啊。

掌握夫婦腦，機智夫妻生活必備的熱戀攻略

我們之所以格外喜愛櫻花飄落之際，肯定也受到這個名字的影響。由此可見，無論人名或公司名，都不得草率馬虎啊。

Vol. 10

冰冷的話語

日本人將口腔內發生的事，
一一精準地搭配上語言的意思。

夫婦腦指南

語言的發音體感是很奇妙的東西，平常幾乎不會注意到，
卻確確實實地影響著整個社會。

今年從一入夏就是接連的酷暑。即便知道這樣一來，到了秋天會掉更多頭髮，也無法戒除加了冰塊的冷飲，因為冷卻口腔具有很棒的冷感效果，幾乎可以讓全身都冷卻下來。

話說，語言的發音也有一些可以從物理上冷卻口腔溫度的例子，那就是日文中的「sa」行音、「tsu」、「hi」以及「ra」行音。

「sa」行音的共通子音S是讓舌頭接近上顎，讓氣流滑過此處，摩擦門牙內側牙根處，發出氣流的摩擦音。在摩擦牙齒之前，會先滑過上顎與舌頭的表層。其實在這種時候，口腔會變成像冷風機一樣的構造。由於上顎與舌頭都有細小的凹凸，因此會產生「相對於流體的移動距離，接觸的表面積愈大時，流體的溫度會下降」的物理現象，氣流的溫度或上顎跟舌頭的溫度也會下降。

所以一旦發出S音，心情就會在不知不覺間變得很爽快。清爽、涼爽、清涼感、爽快、清流、清潔、颯爽、新鮮[1]……這些都是像喝了清涼

1 這幾個詞的日文發音皆為S開頭。

澄淨的水一樣，充滿清涼感的S音詞組。

不過，由於這些詞語在意思上也都很清爽，因此應該也有人會懷疑「真的是口中的感覺嗎？不就只是意思上如此？」不不不，發音時的口腔內物理效果其實出乎意料地大。

例如新選組（Shinsengumi），這個名詞念起來的爽快感如何呢？仔細想一想，這是個幕末的殺戮集團，儘管可能具有大義名分，但他們的行為是接二連三的暗殺、高層流連祇園、終日爭權奪利、隊士破壞規矩就要以命相抵，其實是非常黑暗的組織。

這個黑暗組織之所以給人爽快、鮮明的改革者印象，事蹟得以流傳後世，我認為組織名稱「新選組」中的雙重S語感力功不可沒。

當然，我想那些隊士充滿魅力的性格也是為後人津津樂道的原因之一，但吸引世人關注的力量應該還是來自於組織名稱。

因為當時京都還有另一支幕府管轄下的警備隊，成立原因與新選組如出一轍，名字叫「見迴組」（Mimawarigumi）。當今世上還有多少人知道這個組織呢？明明見迴組中肯定也有一、兩位帥哥劍士或深諳處世之道的指揮官才是啊。

但見迴組這種溫柔誠懇印象的語感，是不會使少女心煩意亂的，也很難登上寶塚的舞台。

新選組（Shinsengumi）、沖田總司（Okita Souji）、土方歲三（Hijikata Toshizo）、近藤勇（Kondo Isami）、永倉新八（Nagakura Shinpachi）、山南敬助（Yamanami Keisuke）……新選組的S魔法為歷史上的一頁創造出一陣爽風。這個夏天，如果你也想留下爽快的印象，不妨多加運用S的詞彙吧。

此外，滑過上顎的音韻除了S音，還有「tsu」與「hi」，兩種發音在日文中都被用來搭配「冷」這個漢字，分別是「tsumetai」與「hieru」。「hi」是用肺裡溫熱的氣息衝擊喉嚨的一點，因此氣流在喉嚨裡還相當溫熱，但用力滑過上顎時就會迅速冷卻下來，完美呈現出「冷卻」這種現象。日本人將口腔內發生的事，一一精準地搭配上語言的意思。

另外，讓舌頭底部暴露在空氣中的「ra」行音，與這些氣冷音又不一樣了，營造出來的是像「冰冷物體瞬間接觸到腳底般」的寂靜冷感。冷淡、幽靈、冷藏庫、琉璃、理性……如此列舉出來，想必就能感受到冰冷的特性才是。

語言的發音體感是很奇妙的東西，平常幾乎不會注意到，卻確確實實地影響著整個社會。還請把握酷暑時機，藉由冰冷的音韻體會一下其中妙趣。

掌握夫婦腦，機智夫妻生活必備的熱戀攻略

一旦發出S音，心情就會在不知不覺間變得很爽快。發音時的口腔內物理效果其實出乎意料地大。

Vol. 11

雙人舞的領舞者

熟練的領舞者會迅速且優雅地改變舞步，甚至不會讓女性意識到自己跳錯了。不覺得這跟「一流的丈夫」定義有異曲同工之妙嗎？

夫婦腦指南

好的舞伴猶如一匹好馬，只要用心關照，
對方就會表現得很順從、柔和而美麗。

這個夏天，我睽違三十年重新愛上跳舞。

在我還是大學生的一九七〇年代末期，經常有學生主辦舞會。由於地板容易受損，因此開放舉辦舞會的場地都是蒙著灰塵的老舊講堂。在新穎的水泥校舍之間，曾經有個異世界存在那幢看似廢屋的木造建築中。

當夕陽西沉，夜風開始吹拂之際，輕音樂社的樂團會先從搖擺舞的經典曲目開始演奏。在一路延伸向講堂的林蔭道上，聽著斷斷續續傳來的憂傷爵士曲調，是我的最愛。

那天晚上怯生生地朝我伸出手的那些男同學，如今也差不多都五十五歲了……他們肯定已成為公司的要角、社會的中流砥柱了吧。

我所沉迷的是雙人合跳的國標舞，也就是所謂的社交舞。例如華爾滋、探戈等等，可能用種類來說比較容易理解。

國標舞是一種完全由男性主導的舞。男性是負責引導的角色，因此稱為領舞者（leader），女性是跟舞者，又稱作舞伴（partner）。幾乎所有的舞步（跳舞的基本單位）都是從男進女退開始，女舞伴甚至不曉得會場是什麼狀態。因此，我們只能夠完全信任領舞者，跟隨著他的腳步移動。

英國紳士會說：「跳舞就像騎馬一樣。好的舞伴猶如一匹好馬，只要用心關照，對方就會表現得很順從、柔和而美麗。」這種話聽起來很失禮，但我卻不覺得生氣，畢竟領舞者的工作是非常辛苦的。在跳舞的世界裡，男人一樣不輕鬆啊。

在非定型的社交舞中，領舞者必須掌握周圍千變萬化的狀況，同時也必須當場想出適合的舞步才行。「我想要跳旋轉步，但那邊有點擁擠，所以先跳後退抑制步，再到那裡擺好姿勢……」在半無意識之間，平均每秒就得完成一次這樣的判斷，而且重點是周圍的其他舞者也同時在移動。領舞者腦中必須設想的不是現在，而是數拍之後的會場狀況，否則策略就無法派上用場。

這在腦科學上是一種非常高度的腦力工作，必須整合運用直覺、想像力以及合理的判斷力，所以大腦活性的優劣從跳舞的表現即可直接觀察出來。跟能力優越的男性跳舞，根本不會注意到會場有多擁擠。

好了，決定好舞步之後，接下來的責任就是引導女性做下一步動作。由於引導的責任全在領舞者身上，因此即使女性跟舞失敗，當然也是領舞者的責任。換句話說，領舞者必須第一時間掩飾女性的失敗。熟練的領舞者在這個時候會迅速且優雅地改變舞步，甚至不會讓女性意識到自己跳錯了。

也就是說呢，優秀的領舞者在舞會之後會聽到舞伴說：「今天的會場很寬敞，我的狀況也很好，所以你應該也跳得很暢快吧？」如果只是聽到舞伴感謝：「多虧你領舞的技巧很好，我才能跳得這麼好。」那還只是二流的水準而已。

各位不覺得這跟「一流的丈夫」、「一流的機器」或「一流的都市」定義有異曲同工之妙嗎？愈能夠把功勞讓給妻子的丈夫，或許才是真正有能力的丈夫吧。

此外，經過這番說明以後，相信各位就能明白，為什麼過去歐洲上流社會如此熱衷這種舞蹈了。眾紳士使出戰略、直覺與極盡忍耐的渾身解數，在會場上修行。就像武士熱衷茶道一樣，騎士熱衷舞蹈。擅長跳舞的指揮官肯定能夠巧妙地施展毫無漏洞的戰略，負責任的方式也優雅幹練，不會歧視女性或質問部下（微笑）。

一流的領導者肯定是相當自然且給人感覺很舒服的人。待人處事順勢而為不強求，但也不會隨波逐流。其中的祕訣就是預判趨勢，並自行創造出下一波潮流。

事實上，這個世界上真正腦筋好的人，通常都不會被人稱讚「腦筋很好」，大部分都是被人說：「運氣很好。」因為一般人不會發現「預判趨勢並自行創造出下一波潮流」這件事，畢竟他們就像跳舞高手一樣，表現得很自然。

因此，身為一位領導者，不管是政治家或商業人士，不妨學一次社交舞吧。最好藉此培養出勇於負起全責的心態，還有受人稱讚時能夠謙虛表示「自己還有很多不足之處」的氣概。

唯有被人說：「只要跟那個領導者一起，事情都會不可思議地順利」，才是真正的一流。其中隱含著關於領導者一詞的真相。

掌握夫婦腦，機智夫妻生活必備的熱戀攻略

愈能夠把功勞讓給妻子的丈夫，或許才是真正有能力的丈夫吧。他們就像跳舞高手一樣，表現得很自然。

Vol. 12

婚姻與舞伴

所謂的雙人舞，是一種由男女構成一體的生物。

夫婦腦指南

愈來愈多人把妻子稱為「夥伴」，
希望各位務必做好使用這個詞的覺悟。

繼續談論跳舞的話題。

既然前一篇寫了領舞者，這裡也必須寫一下舞伴了。

年輕時沒有注意到，原來所謂的雙人舞，是一種由男女構成一體的生物。

也就是有兩個脊柱、兩個骨盆、兩對手腳、兩顆頭，一種名為「伴侶」（couple）的架空生物，而且主要的脊柱與骨盆是男性那一邊的。

因此，舞伴必須要有成為領舞者一部分的覺悟。也正因為如此，所以才叫 partner 吧。

在我的想像中，那就好比插在花瓶中的花，或張在弓上的弦一樣，在領舞者的器量（花瓶、弓）中展現出充滿彈性的表現力。那就是所謂的舞伴。

話雖如此，要感覺領舞者的脊柱就像是自己的，這是一件十分困難的事，欲滿足於領舞者的器量而沒有任何怨言，更是難上加難。

十九年前兒子出生的時候，我經歷了一件不可思議的事。

當自己親餵的孩子被蚊子叮咬時，我看著他手腕上的紅色斑點，同時也感覺到自己身體某處有點癢，好像有小蟲在脊柱攢動一樣。那並非發生在特定某個部位，但很明顯是來自我的身體某處的真實感受。

我不知道怎樣才能停止那種發癢的感覺。困擾了一會兒以後，我輕輕伸手搔了搔兒子的手腕，結果在他露出放鬆的表情之前，我自己就先從難以忍受的搔癢感中解脫了。

這種事情在腦生理學上肯定會被說成是妄想。不過這令我深信，親餵的母子之間會以某種形式的生理訊號遠端交流。那一次的體驗就是如此真實。

那麼，這種把別人身體感覺成自己身體的頻道一旦打開了，似乎就能夠運用在其他地方，那似乎就是成為母親之後的一種天賦。

一旦成為人母，就很難對於地球另一端孩子生命消逝的新聞，或他的母親已經無力擁抱孩子的身影視若無睹。將一動也不動的孩子抱在懷裡的感覺，有時會很真實地傳來，令人胸口一緊。成為母親以後的共感能力，真的超乎他人的想像。

當上媽媽十九年以後，久違地跟一個年齡與兒子差不多的年輕舞者跳舞，我才發現一件事。他的脊柱或骨盆旋轉，感覺就好像我自己身體的一部分。這不是他的引導所「傳達」過來的，而是一種事先「察覺」、「知道」的感覺。

當然，他本身從身體內部創造出行動的高度舞蹈才能，還有足以信賴的個性是主要原因，但我覺得自己這一邊也有所成長。上了年紀以後，身體會愈來愈難以活動，但意識的控制卻會變得很豐富。這種一體感在過去是絕對無法理解的。

年輕時，在競技比賽上與其他組選手交手之前，我們其實是在跟領舞者纏鬥，這件事我直到今日才發現，突然有種不知該說什麼才好的感覺。如果年輕時的身體有辦法做到這件事，肯定能夠贏得更輕而易舉。看來上天不太喜歡同時賦予一個人兩種能力。

領舞者抱著負起全責的覺悟，扮演主要脊柱的角色，而舞伴則抱著成為他一部分的覺悟，感受他的脊柱與自己的脊柱。

最佳的舞伴關係似乎就是這麼一回事吧，這是一種多麼美好的關係啊。

不過這……對情侶或夫妻來說，是不是不可能呢？

畢竟女性腦對於一起進行生殖行為的對象，存在著「把自己擺在第一位的期望」啊。因為哺乳類是由雌性在胎內孕育後代，產後一段時間也會繼續為孩子分泌營養，所以讓雌性維持豐盛的生存環境，才是最為合理的生殖第一條件。我想憑著這樣的本能，很難能夠理解什麼是以丈夫為「主要脊柱」的感覺。尤其在男人不再以命相搏、只為求生的現代日本更是如此。

話雖如此，如果妻子過度主張自己是主要脊柱的話，丈夫在社會上也很難抬頭挺胸，多多少少必須讓步才行。不過，若是讓步讓過頭了，妻子又會失去活力……嗯，這令我愈來愈覺得，夫妻這種關係果然存在於本能與社會性的夾縫之間啊。

本來是想為夫妻論下個總結，才試著挑戰舞伴論的，結果好像站不住陣腳了，因為這種美好極致的夥伴關係，似乎不適合套用在夫妻關係上。

不過對於商場上的夥伴關係，我還是得先說清楚，像這樣咀嚼「夥伴」一詞的意義下來，我總覺得商場上的夥伴關係果然還是不存在平等這回事。

早前還有人推崇雙贏等平等互惠的商業夥伴關係，但這個用詞莫名讓我有種難以接受、很討厭的感覺。主要脊柱只有一個，才是這個世界的真理吧？

做好以自己為主要脊柱的覺悟，再加上以對方為主要脊柱的覺悟，我認為唯有在這兩者的組合之下，才能夠自稱為「夥伴關係」。

最近似乎有愈來愈多人把妻子稱為「夥伴」，希望各位務必做好使用這個詞的覺悟。

若以個人喜好來說，比起稱呼妻子為「夥伴」（partner）的人，那些稱呼妻子為「上」（kamisan）[1]的人，好像更符合有教養的日本男兒形象，我自己挺喜歡的。

掌握夫婦腦，機智夫妻生活必備的熱戀攻略

做好以自己為主要脊柱的覺悟，再加上以對方為主要脊柱的覺悟，或許唯有在這兩者的組合之下，才能夠自稱為「夥伴關係」。

1 日文中對自己或別人妻子的尊稱，其中 kami 的漢字寫成「上」。

配偶使用說明書

日本超人氣腦科學專家親授，打造恩愛率99%的機智夫妻生活【夫婦腦】

夫婦脳ー夫心と妻心は、なぜこうも相容れないのか

作　　者　黑川伊保子
譯　　者　劉格安
主　　編　李映慧、林玟萱（初版）

總 編 輯　李映慧
執 行 長　陳旭華

出　　版　大牌出版 / 遠足文化事業股份有限公司
發　　行　遠足文化事業股份有限公司（讀書共和國出版集團）
地　　址　23141 新北市新店區民權路108-2號9樓
電　　話　+886-2-2218-1417
電子信箱　streamer@bookrep.com.tw

封面設計　萬勝安
排　　版　新鑫電腦排版工作室
印　　製　成陽印刷股份有限公司
法律顧問　華洋法律事務所 蘇文生律師

定　　價　400 元
初　　版　2020年12月
三　　版　2025年08月
有著作權　侵害必究（缺頁或破損請寄回更換）
本書僅代表作者言論，不代表本公司／出版集團之立場

FUFU NOU :
OTTOGOKORO TO TSUMAGOKORO WA NAZE KOUMO AIIRENAI NOKA
by KUROKAWA Ihoko
Copyright © Ihoko Kurokawa 2010
All rights reserved.
Original Japanese paperback edition published in 2010 by SHINCHOSHA Publishing Co., Ltd.
Traditional Chinese translation rights arranged with SHINCHOSHA Publishing Co., Ltd. through AMANN CO., LTD.
Traditional Chinese translation copyrights © 2020 ,2025 by STREAMER PUBLISHING HOUSE, an imprint of Walkers Cultural Co., Ltd.

電子書 E-ISBN
9786267766132 (PDF)
9786267766125 (EPUB)

國家圖書館出版品預行編目資料

配偶使用說明書：日本超人氣腦科學專家親授，打造恩愛率99%的機智夫妻生活【夫婦腦】／黑川伊保子 作 ; 劉格安 譯. -- 三版. -- 新北市 : 大牌出版, 遠足文化事業股份有限公司, 2025.08
360面 ; 14×20公分
譯自：夫婦脳ー夫心と妻心は、なぜこうも相容れないのか
ISBN 978-626-7766-14-9 (平裝)
1. CST: 性別關係　2. CST: 婚姻　3. CST: 腦部

544.7　　114010055